Constantin Kruse

Standardfälle ZPO

8. Auflage 2020

ISBN 978-3-86724-153-3

8. Auflage 2020

© 2020 niederle media

Bezug möglich direkt vom Verlag
niederle media
48341 Altenberge
Fax (02505) 93 98 99
E-Mail: info@niederle-media.de
www.niederle-media.de

▶ Inhalt

▶ Vorwort

Das vorliegende, aufgrund der großen Nachfrage nun erneut nach kurzer Zeit in neuer Auflage erscheinende Skript richtet sich an die Studierenden, die sich zum ersten Mal mit dem Zivilprozessrecht auseinandersetzen. Da im Ersten Juristischen Staatsexamen regelmäßig nur die Grundzüge des Zivilprozessrechts geprüft werden, kann es auch für die Examensvorbereitung herangezogen werden.

Die Falllösungen beschränken sich nicht auf die bloße Durchprüfung der Sachverhalte, sondern enthalten zudem weiterführende Hinweise zu Aufbaufragen und Lösungstechniken und stellen den Bezug zu dem erforderlichen materiellen Wissen her. Aus diesem Grund ist das Skript eine ideale Ergänzung zur Lektüre eines Lehrbuchs. Zugleich eignet es sich wegen der klausurorientierten Darstellung in besonderem Maße für die Klausurvorbereitung.

Den Studierenden sei empfohlen, die Fallsammlung nicht nur als Lesebuch zu nutzen, sondern zunächst auf Grundlage der Sachverhalte eigene Lösungen zu entwickeln und zu verschriftlichen. So kann der optimale Lernerfolg erzielt werden.

Anmerkungen und Verbesserungsvorschläge sind jederzeit unter info@niederle-media.de herzlich willkommen.

Dr. Constantin Kruse, LL.M. (EMLE)

▶ Unsere 📖 Skripten 📇 Karteikarten 🎧 Hörbücher (CD & MP3)

Zivilrecht

- 📖 Standardfälle Zivilrecht für Anfänger (AT+KaufR) (7,90 €)
- 📖 🎧 Standardfälle BGB AT (7,90 €)
- 📖 🎧 Standardfälle Schuldrecht (7,90 €)
- 📖 🎧 Standardfälle Ges. Schuldverh.,§§ 677,812,823 (9,9 €)
- 📖 🎧 Standardfälle Sachenrecht (Mobil.+ Immobil.) (9,90 €)
- 📖 🎧 Standardfälle Familien- und Erbrecht (9,90 €)
- 📖 🎧 Basiswissen (Frage-Antwort) BGB AT (7 €)
- 📖 🎧 Basiswissen (Frage-Antwort) Schuldrecht AT (7 €)
- 📖 🎧 Basiswissen (Frage-Antwort) Schuldrecht BT (7 €)
- 📖 🎧 Basiswissen (Frage-Antwort) Sachenrecht (7 €)
- 🎧 Basiswissen Familienrecht und 🎧 Basiswissen Erbrecht
- 📖 Einführung in das Bürgerliche Recht (7,90 €)
- 📖 Studienbuch BGB AT (12 €)
- 📖 Studienbuch Schuldrecht AT (12 €)
- 📖 Schuldrecht BT 1 - §§ 437, 536, 634, 670 ff. (9,90 €)
- 📖 Schuldrecht BT 2 - §§ 812, 823, 765 ff. (9,90 €)
- 📖 SachenR 1 – Mobil., 📖 SachenR 2 – Immobil. (9,90 €)
- 📖 Familienrecht und 📖 Erbrecht (Einführungen) (9,90 €)
- 📖 Streitfragen Schuldrecht (7,90 €)
- 📖 🎧 Definitionen für die Zivilrechtsklausur (9,90 €)

Strafrecht

- 📖 Standardfälle Band 1: für Anfänger (9,90 €)
- 📖 Standardfälle Band 2: für Fortgeschrittene (12 €)
- 📖 🎧 Standardfälle Strafrecht AT (für Anfänger) (7,90 €)
- 📖 🎧 Basiswissen (Frage-Antwort) Strafrecht AT (7 €)
- 📖 🎧 Basiswissen Strafrecht BT 1 und 📖 🎧 BT 2 (7 €)
- 📖 Strafrecht AT (7,90 €)
- 📖 Strafrecht BT 1 – Vermögensdelikte (9,90 €)
- 📖 Strafrecht BT 2 – Nichtvermögensdelikte (9,90 €)
- 📖 🎧 Definitionen für die Strafrechtsklausur (7,90 €)

Irrtümer und Änderungen vorbehalten!

Öffentliches Recht

- 📖 Standardfälle Staatsrecht I – StaatsorgaRecht (9,90 €)
- 📖 Standardfälle Staatsrecht II – Grundrechte (9,90 €)
- 📖 🎧 Standardfälle f. Anfänger (StaatsorgaR u. GRe) (7,9 €)
- 📖 Standardfälle Verwaltungsrecht AT (9,90 €)
- 📖 Standardfälle Polizei- und Ordnungsrecht (9,90 €)
- 📖 Standardfälle Baurecht (9,90 €)
- 📖 Standardfälle Europarecht (9,90 €)
- 📖 Standardfälle Kommunalrecht (9,90 €)
- 📖 🎧 Basiswissen (Fr-Antw.) StaatsR I – StaatsorgaR (7 €)
- 📖 🎧 Basiswissen (Fr-Antw.) StaatsR II – Grundrechte (7 €)
- 📖 Basiswissen (Frage-Antwort) Verwaltungsrecht AT (7 €)
- 📖 Studienbuch Staatsorganisationsrecht (9,90 €)
- 📖 Studienbuch Grundrechte (9,90 €)
- 📖 Studienbuch Verwaltungsrecht AT (12 €)
- 📖 Studienbuch Europarecht (12,90 €) 🎧 Basiswissen EuR
- 📖 Staatshaftungsrecht (9,90 €)
- 📖 VerwaltungsR AT 1 – VwVfG u. 📖 AT 2–VwGO (7,90 €)
- 📖 VerwaltungsR BT 1 – POR (9,90 €)
- 📖 VerwaltungsR BT 2 – BauR 📖 BT 3 – UmweltR (9,90 €)
- 📖 🎧 Definitionen Öffentliches Recht (9,90 €)

Steuerrecht

- 📖 Abgabenordnung (AO) (9,90 €)
- 📖 Erbschaftsteuerrecht (9,90 €)
- 📖 Steuerstrafrecht/Verfahren/Steuerhaftung (7,90 €)

Sozialrecht

- 📖 Kinder- und Jugendhilferecht (7,90 €)
- 📖 Einführung in das Sozialrecht (9,90 €)

Nebengebiete

- 📖 Standardfälle ZPO (9,90 €)
- 📖 🎧 Standardfälle Handels- & GesellschaftsR (9,90 €)
- 📖 🎧 Standardfälle Arbeitsrecht (9,90 €)
- 📖 🎧 Basiswissen (Fr.-Aw.) Handelsrecht (7,90 €)
- 📖 🎧 Basiswissen (Fr.-Aw.) Gesellschaftsrecht (7,90 €)
- 📖 🎧 Basiswissen (Frage-Antwort) ZPO (7,90 €)
- 📖 🎧 Basiswissen (Frage-Antwort) StPO (7,90 €)
- 📖 Handelsrecht (9,90 €)
- 📖 Gesellschaftsrecht (9,90 €)
- 📖 Arbeitsrecht (9,90 €)
- 📖 Kollektives Arbeitsrecht (9,90 €)
- 📖 ZPO I – Erkenntnisverfahren (9,90 €)
- 📖 ZPO II – Zwangsvollstreckung (9,90 €)
- 📖 Strafprozessordnung – StPO (9,90 €)
- 📖 Einführung Internationales Privatrecht - IPR (9,90 €)
- 📖 Standardfälle IPR (9,90 €)
- 📖 Insolvenzrecht (9,90 €)
- 📖 Gewerblicher Rechtsschutz/Urheberrecht (9,90 €)
- 📖 Wettbewerbsrecht (9,90 €)
- 📖 Ratgeber 500 Spezial-Tipps für Juristen (12 €)
- 📖 Sportrecht (9,90 €)

Assessorexamen

- 📖 Der Aktenvortrag im Strafrecht (7,90 €)
- 📖 Der Aktenvortrag im Zivilrecht (7,90 €)
- 📖 Der Aktenvortrag im Öffentlichen Recht (7,90 €)
- 📖 Staatsanwaltl. Sitzungsdienst & Plädoyer (9,90 €)

Karteikarten (je 9,90 €)

- 📇 Grundlagen des Zivilrechts
- 📇 BGB Allgemeiner Teil (AT)
- 📇 Schuldrecht BT (§§ 433, 535, 631, 812, 823)
- 📇 Schemata Zivilrecht (AT, SchuldR, SachR, FamR)
- 📇 Strafrecht Allgemeiner Teil (AT)
- 📇 Strafrecht BT 1 und 📇 Strafrecht BT 2
- 📇 Streitfragen Strafrecht
- 📇 Staatsorganisationsrecht
- 📇 Grundrechte
- 📇 Verwaltungsrecht Allgemeiner Teil (AT)
- 📇 Schemata Öffentliches Recht

BWL

- 📖 Einführung i. die Betriebswirtschaftslehre (7,90 €)
- 📖 Organisationsgestaltung & -entwickl. (9,90 €)
- 📖 Fallstudien Organisationsgestaltung & -entwickl.
- 📖 Internationales Management (7 €)
- 📖 Wie gelingt meine wiss. Abschlussarbeit? (7 €)
- 📖 Medienwirtschaft für Mediengestalter (14,90 €)

Irrtümer und Änderungen vorbehalten!

Schemata

- 📖 Die wichtigsten Schemata-ZivR,StrafR,ÖR (14,90)
- 📖 Die wichtigsten Schemata–Nebengebiete (9,90 €)

🎧 bedeutet: auch als **Hörbuch** (CD oder MP3-Download) lieferbar!

Bei **niederle-media.de** bestellte Artikel treffen idR *nach 1-2 Werktagen* ein!

I. Zulässigkeit der Klage

Fall 1: Allgemeines zum Rechtsschutz

Zur Eröffnung seines Restaurants hat Marlene ihrem Bekannten Leonhard vor einem Jahr eine professionelle Espressomaschine im Wert von 5.000 Euro verkauft. Obwohl Marlene die Espressomaschine ordnungsgemäß an Leonhard übergeben und übereignet hat, weigert sich dieser mit Hinweis auf seine bislang noch schleppenden Umsätze und eine von ihm erklärte Aufrechnung, den vereinbarten Kaufpreis zu zahlen.

Nunmehr ist Marlene allerdings dringend auf das Geld angewiesen. Deshalb sucht sie ihren Rechtsanwalt auf, um Leonhard endlich zur Zahlung der 5.000 Euro zu bewegen:

1. Marlene möchte möglichst schnell und einfach an ihr Geld gelangen. Kann sich Marlene den Kaufpreis auf eigene Faust mit Gewalt von Leonhard holen?

2. Welche Möglichkeiten hat Marlene sonst noch, um an ihr Geld zu gelangen, und worin unterscheiden sich diese?

3. Marlene möchte schließlich ganz allgemein wissen, welchen Verlauf ein Gerichtsverfahren nehmen kann, wenn es durch alle Instanzen geht.

Wie wird der Rechtsanwalt die Fragen beantworten?

---

1. Anwendung von Gewalt

2. Weitere Möglichkeiten

    a) Das Mahnverfahren
    b) Das Klageverfahren

3. Der Instanzenzug

1. Anwendung von Gewalt

Zur Wahrung des Rechtsfriedens ist die gewaltsame und eigenmächtige Durchsetzung von Rechten in Form von Selbstjustiz verboten. Allein der Staat darf Gewalt ausüben, hat also ein Gewaltmonopol inne. Hieraus folgt zugleich die Justizgewährungspflicht des Staates, also die Pflicht, den Rechtsunterworfenen ein Rechtssystem zur Verfügung zu stellen, mit Hilfe dessen diese ihre Rechte auch effektiv geltend machen können.

Nur ausnahmsweise gestattet das Gesetz die Anwendung von Gewalt, nämlich insbesondere dann, wenn die Inanspruchnahme des staatlichen Gewaltmonopols das gefährdete Recht nicht in ausreichendem Maße zu schützen vermag. Im Zivilrecht zählen zu diesen Ausnahmen insbesondere

- die Notwehr, § 227 BGB,
- der Notstand, §§ 228, 904 BGB,
- die Selbsthilfe, § 229 BGB sowie
- der Besitzschutz, §§ 859, 860 BGB.

Marlene kann keine dieser Ausnahmen für sich in Anspruch nehmen. Mangels eines rechtswidrigen Angriffs und einer ihr drohenden Gefahr stehen ihr weder ein Notwehr- noch ein Notstandsrecht zu. Auch mit Besitzschutz ist ihr nicht gedient, da sie nicht die Wiedererlangung der Espressomaschine begehrt – die ihr zudem auch nicht ohne ihren Willen entzogen wurde, s. § 858 BGB –, sondern die Zahlung des Kaufpreises durch Leonhard. Auch die Voraussetzungen der Selbsthilfe liegen nicht vor. Dies würde selbst dann gelten, wenn die Zahlungsunfähigkeit des Leonhard drohte, denn § 229 BGB bezweckt den Schutz vor unlauterem Verhalten des Schuldners. Zudem wird der aus einer schlechten Vermögenslage folgenden Anspruchsgefährdung anders Rechnung getragen; so besteht etwa für den Gläubiger die Möglichkeit, einen Antrag auf Eröffnung des Insolvenzverfahrens über das Vermögen des Schuldners zu stellen (s. § 14 InsO).

Angesichts sonst drohender strafrechtlicher Konsequenzen wird der Rechtsanwalt Marlene daher davon abraten, sich den Kaufpreis auf eigene Faust mit Gewalt von Leonhard zu holen.

2. Weitere Möglichkeiten

Da Marlene einen privatrechtlichen Anspruch gegen Leonhard durchsetzen möchte, wird der Rechtsanwalt Marlene darüber informieren, dass nach § 13 GVG der Weg zu den ordentlichen Gerichten eröffnet ist. Dort kann Marlene

- ein Mahnverfahren (s. §§ 688 ff ZPO) oder
- ein Klageverfahren (s. § 253 ZPO)

einleiten.

a) Das Mahnverfahren

Zweck des Mahnverfahrens ist es, dem Gläubiger auf schnellem, nämlich automatisierten Wege ohne ein unter Umständen langwieriges Prozessverfahren mit mündlicher Verhandlung einen vollstreckbaren Titel, den sog. Vollstreckungsbescheid, zu verschaffen. Denn nur auf Grundlage eines Titels kann der Gläubiger gegen den Schuldner – wenn dieser nicht freiwillig seinen titulierten Pflichten nachkommt – die Zwangsvollstreckung betreiben, insbesondere in das Vermögen des Schuldners vollstrecken (s. §§ 704, 794 Abs. 1 Nr. 4 ZPO).

Dabei können im Mahnverfahren nur **Zahlungsansprüche** geltend gemacht werden (§ 688 I ZPO). Voraussetzung ist insbesondere ferner, dass die Geltendmachung des Zahlungsanspruchs nicht von einer noch nicht erbrachten Gegenleistung abhängig ist (§ 688 I Nr. 2 ZPO).

Das Mahnverfahren, dessen Struktur sich anhand des Gesetzes leicht nachvollziehen lässt, läuft zweistufig ab: Zunächst erlässt das Amtsgericht – häufig ist hier eine Zuständigkeitskonzentration bei einem Amtsgericht vorgesehen (§ 689 I, III ZPO) – auf Antrag des Gläubigers (§ 690 ZPO) einen **Mahnbescheid** (§ 692 ZPO). Wenig überraschend ist der Mahnbescheid noch kein Titel, kann also nicht Grundlage der Zwangsvollstreckung sein – schließlich wurde der Schuldner vor seinem Erlass nicht angehört. Der Mahnbescheid wird dem Schuldner zugestellt (§ 693 I ZPO), der nun die Möglichkeit hat, binnen 2 Wochen hiergegen **Widerspruch** einzulegen (§ 694 I ZPO). Tut er dies nicht, erlässt das Mahngericht sodann auf Antrag des Gläubigers einen

Vollstreckungsbescheid (§ 699 I ZPO), bei dem es sich um einen Titel handelt (§ 794 I Nr. 4 ZPO). Auch dieser wird dem Schuldner zugestellt (§ 699 IV ZPO), der die Möglichkeit hat, hiergegen binnen 2 Wochen **Einspruch** einzulegen (§ 700 ZPO). Tut er dies nicht, wird der Vollstreckungsbescheid rechtskräftig und das Mahnverfahren ist abgeschlossen.

Hinweis: Prägen Sie sich die Terminologie ein: Gegen den Mahnbescheid kann Widerspruch eingelegt werden. Gegen den Vollstreckungsbescheid kann Einspruch eingelegt werden.

Hilfreich ist es hierbei, sich vor Augen zu halten, dass der Vollstreckungsbescheid einem Versäumnisurteil gleichsteht (§ 700 I ZPO). Gegen ein Versäumnisurteil kann Einspruch eingelegt werden (kein Devolutiveffekt!), konsequenterweise gilt dies auch für den Vollstreckungsbescheid.

Der Vorteil des Mahnverfahrens liegt zum einen in der **Schnelligkeit**: Im günstigsten Fall kann ein rechtskräftiger Vollstreckungsbescheid innerhalb von 6 Wochen (2 Wochen Widerspruchsfrist, 2 Wochen Einspruchsfrist, ca. 2 Wochen Bearbeitung beim Mahngericht und Zustellungen) erlangt werden. Zum anderen bringt das Mahnverfahren eine **Kostenersparnis** gegenüber dem normalen Klageverfahren mit sich: Aufgrund des geringeren gerichtlichen Aufwands für die Bearbeitung eines Mahnverfahrens fallen auch deutlich geringere Gerichtskosten an (0,5 statt 3 Gerichtsgebühren, s. Nr. 1100 Kostenverzeichnis zum GKG). Auch besteht im Mahnverfahren, das unabhängig von der Höhe des geltend gemachten Anspruchs bei den Amtsgerichten durchgeführt wird, **kein Anwaltszwang**.

Diese Vorteile entfallen jedoch, wenn der Schuldner Widerspruch oder Einspruch einlegt, denn dann geht das Mahnverfahren in ein normales streitiges Verfahren über. Aufgrund des vergeblich vorgeschalteten Mahnverfahrens kommt es in diesem Fall häufig sogar zu einer Verzögerung des Verfahrens. Deshalb ist die Geltendmachung eines Anspruchs im Mahnverfahren nur dann sinnvoll, wenn nicht damit zu rechnen ist, dass sich der Schuldner gegen den Anspruch wehren wird. Andernfalls kann auch gleich ein Klageverfahren eingeleitet werden (hierzu sofort).

Leonhard scheint sich gegen den Anspruch wehren zu wollen, zumal er sich gegenüber Marlene auch auf eine Aufrechnung berufen hat. Die Einleitung eines Mahnverfahrens erscheint hier nicht zielführend.

b) Das Klageverfahren

Während das Mahnverfahren durch den Antrag auf Erlass eines Mahnbescheids in Gang gesetzt wird, wird das Klageverfahren durch die Einreichung einer Klageschrift eingeleitet. Hierdurch wird die Klage **anhängig**. Die Klageschrift ist dem Gegner durch das Gericht zuzustellen (§ 271 I ZPO). Mit Zustellung der Klageschrift an den Gegner wird die Klage **rechtshängig**.

Hinweis: Lassen Sie sich nicht verwirren. § 253 I ZPO spricht von der „Erhebung der Klage", was man mit dem Einreichen der Klage gleichsetzen könnte. Dies ist jedoch, wie aus § 253 I ZPO ersichtlich, nicht zutreffend: **Erhoben** ist die Klage erst mit der **Zustellung** der Klageschrift an den Gegner.

Gemäß § 253 II ZPO muss die Klageschrift enthalten
- die Bezeichnung der Parteien und des Gerichts und
- die bestimmte Angabe des Gegenstandes und des Grundes des erhobenen Anspruchs, sowie einen bestimmten Antrag.

§ 253 IV ZPO in Verbindung mit § 130 Nr. 6 ZPO verlangt, dass die Klageschrift unterschrieben ist. Im Anwaltsprozess (s. § 78 ZPO) muss die Unterschrift von einem Rechtsanwalt stammen (s. hierzu Fall 6).

3. Der Instanzenzug

Der Rechtsanwalt wird Marlene darüber informieren, dass der Instanzenzug in Zivilsachen beim sachlich und örtlich zuständigen Amtsgericht oder Landgericht beginnt (erste Instanz).

Die erstinstanzliche **sachliche Zuständigkeit** – Amtsgericht oder Landgericht? – ist in § 1 ZPO, §§ 23, 71 GVG geregelt (s. hierzu Fall 2). Danach hängt die sachliche Zuständigkeit in den meisten Fällen vom **Streitwert** – oder genauer: dem sog.

Zuständigkeitsstreitwert – ab. Dieser ist bei einer reinen Zahlungsklage schnell ermittelt, denn hier entspricht der Streitwert grundsätzlich dem geltend gemachten Klagebetrag. Die **örtliche Zuständigkeit** – welches Amtsgericht? Welches Landgericht? – ist in den §§ 12 ff ZPO geregelt (s. hierzu Fall 3).

Der Instanzenzug sieht in Zivilsachen grundsätzlich wie folgt aus: Gegen das Urteil des Amtsgerichts kann Berufung eingelegt werden, über die das Landgericht entscheidet (§ 72 I 1 GVG). Ist das Landgericht erstinstanzlich sachlich zuständig, kann ebenfalls Berufung eingelegt werden, über die das Oberlandesgericht entscheidet (§ 119 I Nr. 2 GVG). Gegen die Berufungsurteile des Land- und des Oberlandesgerichts kann Revision eingelegt werden, über die der Bundesgerichtshof entscheidet (§ 133 GVG). Berufung und Revision können jedoch nicht in jedem Fall eingelegt werden, sondern sind an Voraussetzungen geknüpft (s. § 511 ZPO und § 543 ZPO).

Hinweis: Merken Sie sich also, dass in Zivilsachen im Ausgangspunkt **drei Instanzen** in Anspruch genommen werden können, jedoch stets der BGH die letzte Instanz ist, und zwar auch bei Verfahren, die ihren Ausgang beim AG genommen haben.

Fall 2: Sachliche Zuständigkeit

> Marlene hat sich von ihrem Rechtsanwalt davon überzeugen lassen, dass die Erhebung einer Klage gegen Leonhard auf Zahlung von 5.000 Euro sinnvoll ist. Sie möchte daher wissen, welches Gericht für ein solches Verfahren sachlich zuständig ist.

Die sachliche Zuständigkeit der Gerichte ist im GVG geregelt (s. auch § 1 ZPO), die erstinstanzlichen Zuständigkeiten in bürgerlichen Rechtsstreitigkeiten in den §§ 71, 23 ff. GVG.

Gemäß § 71 I GVG sind für alle bürgerlichen Rechtsstreitigkeiten die Landgerichte zuständig, sofern diese nicht den Amtsgerichten zugewiesen sind. Gem. § 23 Nr. 1 GVG sind die Amtsgerichte zuständig für Streitigkeiten über Ansprüche, deren Gegenstand an Geld die Summe von 5.000 Euro nicht übersteigt. Marlene möchte jedoch keinen 5.000 Euro übersteigenden Betrag, sondern genau 5.000 EUR geltend machen, so dass der Gegenstand der Streitigkeit 5.000 EUR nicht übersteigt, die Voraussetzungen des § 23 Nr. 1 GVG also vorliegen. Im Übrigen ist der Rechtsstreit dem Landgericht auch nicht ohne Rücksicht auf den Wert des Streitgegenstands zugewiesen (§ 23 GVG am Anfang, § 71 II GVG). Damit ist das Amtsgericht sachlich zuständig.

Hinweis: Zeigen Sie, was Sie können, und zitieren Sie in der Klausur § 1 ZPO, auch wenn es sich um eine bloße Hinweisnorm handelt. § 23 Nr. 1 GVG müssen Sie genau lesen, erst ab einem Streitwert von 5.000,01 Euro ist das Landgericht zuständig.

Vergessen Sie zudem nicht, zumindest kurz die **streitwertunabhängigen Zuständigkeiten** durchzugehen. Von besonderer Bedeutung in allgemeinen Zivilsachen ist hierbei die ausschließliche Zuständigkeit der Amtsgerichte für Wohnraummietstreitigkeiten (§ 23 Nr. 2 lit. a) GVG). Bei Streitigkeiten betreffend gewerblichen Mietraum bleibt es allerdings bei der streitwertbezogenen Verteilung zwischen Amts- und Landgerichten.

Fall 2a: Abwandlung

Marlene ärgert sich über die zeitlichen Verzögerungen. Hätte Leonhard wie vereinbart innerhalb von zehn Werktagen bezahlt, hätte sie mit dem Geld Erträge erwirtschaften können. Sie möchte deshalb zusätzlich zu den 5.000 Euro noch angefallene Zinsen in Höhe von 400 Euro von Leonhard bezahlt bekommen.

Ihren Rechtsanwalt fragt sie, ob sich die zusätzlichen Zinsen auf die sachliche Zuständigkeit des Gerichtes auswirken.

Für die sachliche Zuständigkeit sind die wiederum § 1 ZPO, §§ 71, 23 Nr. 1 GVG entscheidend. Es stellt sich also die Frage, wie hoch der „Gegenstand an Geld" (§ 23 Nr. 1 ZPO), also der Zuständigkeitsstreitwert der beabsichtigten Klage ist. Neben der Hauptforderung in Höhe von 5.000 Euro möchte Marlene Zinsen in Höhe von 400 Euro geltend machen, insgesamt also einen Betrag in Höhe von 5.400 EUR. Bei Zugrundelegung dieses Betrags wäre – da die Summe von 5.000 EUR überstiegen wird – das Landgericht zuständig.

Da es für diese aus dem GVG resultierende Frage auf den Wert des Streitgegenstandes ankommt, gelten gem. § 2 ZPO die §§ 3 ZPO. Sedes materiae ist hier **§ 4 I ZPO** a.E. Hiernach bleiben u.a. **Zinsen** für die Wertberechnung **unberücksichtigt**, wenn sie als Nebenforderungen geltend gemacht werden. Als **Nebenforderung** werden Zinsen geltend gemacht, wenn sie von der Klägerin zugleich mit der Hauptforderung, aus der sie resultieren, geltend gemacht werden. Dies gilt selbst dann, wenn sie ausgerechnet und der Hauptforderung zugeschlagen worden sind.

Die von Marlene begehrten Zinsen resultieren aus der zeitgleich von ihr verfolgten Hauptforderung, dem Kaufpreisanspruch betreffend die Espressomaschine, so dass sie als Nebenforderung geltend gemacht werden. Damit bleiben sie bei der Wertberechnung unberücksichtigt, und zwar unabhängig davon, ob Marlene zwei Anträge stellt – Zahlung von 5.000 EUR und Zahlung von 400 EUR – oder nur einen – Zahlung von 5.400 EUR.

Sachlich zuständig ist demnach ungeachtet der zusätzlich geltend gemachten Zinsen das Amtsgericht.

Hinweis:

Beachten Sie bitte, dass es drei Arten des Streitwerts gibt:

Erstens den **Zuständigkeitsstreitwert**, also den Streitwert, nach dem sich die sachliche Zuständigkeit des Gerichts in erster Instanz richtet, §§ 71, 23 GVG, und für den die §§ 2 ff ZPO gelten.

Zweitens den **Gebührenstreitwert**, also den Streitwert, der für die Berechnung der gerichtlichen und außergerichtlichen, also anwaltlichen Gebühren maßgebend ist. Für diesen enthalten die §§ 39 ff GKG besondere Vorschriften.

Drittens den **Rechtsmittelstreitwert**, also den Streitwert, der für die Zulässigkeit von Rechtsmitteln entscheidend ist, s. etwa § 511 II Nr. 1 ZPO.

Fall 2b: Abwandlung

Marlene erinnert sich nunmehr daran, dass sie Leonhard bereits vor Jahren ein Auto verkauft hatte. Zwar hatte Leonhard, nachdem sie ihn mehrfach gemahnt hatte, den Kaufpreis gezahlt, die bis dahin aufgelaufenen Zinsen in Höhe von 1.300 Euro war er ihr jedoch schuldig geblieben. Da sich die Freundschaft zu Leonhard aus ihrer Sicht ohnehin erledigt hat, möchte Marlene nunmehr auch diesen Betrag geltend machen.

Welches Gericht ist sachlich zuständig?

Für die sachliche Zuständigkeit sind die wiederum § 1 ZPO, §§ 71, 23 Nr. 1 GVG entscheidend. Es stellt sich also erneut die Frage, wie hoch der Zuständigkeitsstreitwert der beabsichtigten Klage ist. Die Zinsforderung in Höhe von 1.300 Euro wäre nicht zu berücksichtigen, wenn es sich hierbei um eine **Nebenforderung** gem. § 4 I ZPO a.E. handelte.

Wie bereits ausgeführt, werden Zinsen nur dann als Nebenforderung geltend gemacht, wenn sie zugleich mit der Hauptforderung, aus der sie resultieren, geltend gemacht werden. Vorliegend beruht der geltend gemachte Hauptanspruch jedoch auf dem Kaufvertrag über die Espressomaschine, der geltend gemachte Zinsanspruch jedoch auf dem Autokaufvertrag. Die Zinsen werden hier nicht zugleich mit der Hauptforderung, aus der sie resultieren – vorliegend also dem Kaufpreisanspruch aus dem Autokaufvertrag – geltend gemacht. Es handelt sich bei ihnen also nicht um eine Nebenforderung gem. § 4 I ZPO a.E.

Stattdessen ist **§ 5 ZPO** einschlägig, wonach mehrere in einer Klage geltend gemachte Ansprüche **zusammengerechnet** werden. Die Kaufpreisforderung in Höhe von 5.000 Euro und die Zinsforderung in Höhe von 1.300 Euro sind demnach zusammenzurechnen, so dass sich der Zuständigkeitsstreitwert auf insgesamt 6.300 Euro beläuft.

Gemäß § 1 ZPO, §§ 71, 23 GVG wäre somit das Landgericht sachlich zuständig.

Fall 3: Örtliche Zuständigkeit

Marlene lässt in einer Autowerkstatt in Düsseldorf durch den in Köln lebenden Mechaniker Gunnar bei ihrem Smart neue Sommerreifen aufziehen. Danach unternimmt Marlene voller Freude eine Spritztour ins Bergische Land. Allerdings hat Gunnar vergessen, den rechten Hinterreifen ordnungsgemäß festzuziehen. Bei Wuppertal muss Marlene daher nach einem Bremsmanöver beobachten, wie sich der Reifen verselbständigt und sie überholt. Marlene verliert die Kontrolle über ihren Wagen und landet im Straßengraben. Wie durch ein Wunder kommt es zu keinem schwerwiegenden Unfall. Der Smart trägt nur leichtere Schäden in Höhe von 2.850 Euro davon, die Marlene aber von Gunnar ersetzt verlangen möchte.

Welches Gericht ist zuständig? Welche Anspruchsgrundlagen wird das Gericht prüfen?

---

1. **Sachliche Zuständigkeit**

2. **Örtliche Zuständigkeit**

    a) Allgemeiner Gerichtsstand
    b) Besonderer Gerichtsstand des Erfüllungsortes
    c) Besonderer Gerichtsstand der unerlaubten Handlung
    d) Wahlrecht bei mehreren Gerichtsständen
    e) Prüfungskompetenz bei mehreren in Betracht kommenden Ansprüchen

3. **Ergebnis**

---

1. Sachliche Zuständigkeit

Im vorliegenden Fall möchte Marlene einen Zahlungsanspruch in Höhe von 2.850 Euro geltend machen. Für diese bürgerliche Rechtsstreitigkeit ist in erster Instanz gem. § 1 ZPO, §§ 71, 23 Nr. 1 GVG das Amtsgericht sachlich zuständig.

2. Örtliche Zuständigkeit

Örtlich zuständig ist für eine Klage das Gericht, bei dem ein Gerichtsstand gemäß den §§ 12 ff ZPO begründet ist.

a) Allgemeiner Gerichtsstand

Marlene könnte Gunnar zunächst an dessen allgemeinen Gerichtsstand gem. § 12 ZPO verklagen. Gem. § 13 ZPO wird der allgemeine Gerichtsstand durch den Wohnsitz der Person bestimmt. Der Wohnsitz ist gem. § 7 BGB wiederum an dem Ort begründet, an dem sich eine Person ständig niederlässt.

Hinweis: Beachten Sie, dass der allgemeine Gerichtsstand von juristischen Personen nicht an deren **Wohnsitz** begründet ist – einen solchen haben juristische Personen nicht –, sondern gem. § 17 ZPO an deren **Sitz**. § 17 ZPO gilt dabei auch für nicht rechtsfähige Personenvereinigungen wie etwa die Personenhandelsgesellschaften OHG und KG.

Da Gunnar in Köln lebt, dort also seinen Wohnsitz hat, ist dort auch sein allgemeiner Gerichtsstand. Da ein ausschließlicher Gerichtsstand nicht begründet ist (s. § 12 ZPO a.E.), ist das Amtsgericht Köln für die gegen Gunnar zu erhebende Klage zuständig.

b) Besonderer Gerichtsstand des Erfüllungsortes

Marlene kann Gunnar aber auch vor dem Amtsgericht Düsseldorf in Anspruch nehmen, wenn dort ebenfalls ein Gerichtsstand begründet ist. In Betracht kommt der besondere Gerichtsstand des Erfüllungsortes gem. **§ 29 ZPO**. Hiernach ist für Streitigkeiten aus einem Vertragsverhältnis das Gericht des Ortes zuständig, an dem die **streitige Verpflichtung zu erfüllen** ist.

Gunnar hat es vorliegend versäumt, den Reifen an Marlenes Smart ordnungsgemäß festzuziehen. Materiellrechtlich war Gunnar aufgrund des zwischen ihm und Marlene abgeschlossenen Werkvertrags gem. § 631 I BGB verpflichtet, die Reifen ordnungsgemäß zu wechseln, also auch die neuen Reifen ordnungsgemäß festzuziehen. Diese Pflicht war gem. § 269 I BGB

in Düsseldorf zu erfüllen, so dass hier der besondere Gerichtsstand des Erfüllungsortes begründet ist. Örtlich zuständig wäre
demnach auch das Amtsgericht Düsseldorf.

c) Besonderer Gerichtsstand der unerlaubten Handlung

Neben einem Schadensersatzanspruch wegen der
werkvertraglichen Pflichtverletzung (§§ 631, 633, 634 Nr. 4,
280 I BGB) hat Marlene auch einen Anspruch gegen Gunnar
wegen fahrlässiger Eigentumsverletzung aus § 823 I BGB. Für
Klagen aus unerlaubter Handlung besteht gem. § 32 ZPO der
besondere Gerichtsstand der unerlaubten Handlung, und zwar in
dem Bezirk dessen Gerichts, in dem die Handlung begangen
worden ist.

Begehungsort einer unerlaubten Handlung ist jeder Ort, an dem
auch nur eines der wesentlichen Tatbestandsmerkmale
verwirklicht wurde, also sowohl am Handlungsort als auch am
Erfolgsort. Handlungsort ist vorliegend die Werkstatt in Düsseldorf,
wo Gunnar die Verletzungshandlung beging, der Erfolgsort ist in
Wuppertal, wo es zu dem Unfall kam und die Eigentumsverletzung
eintrat. § 32 ZPO begründet demnach einen besonderen
Gerichtsstand sowohl im Bezirk des Amtsgerichts Düsseldorf als
auch im Bezirk des Amtsgerichts Wuppertal.

> **Hinweis:** Beachten Sie, dass der Begehungsort also nicht etwa
> mit dem „Handlungsort" gleichzusetzen ist, auch wenn dies auf
> den ersten Blick naheliegend ist. Vielmehr ist der Begriff
> Begehungsort Oberbegriff zu den Begriffen Handlungsort und
> Erfolgsort.

d) Wahlrecht bei mehreren Gerichtsständen

Nach dem Vorhergesagten sind nun mehrere Gerichtsstände
begründet, nämlich ein allgemeiner und drei besondere. Zwischen
diesen kann Marlene gem. § 35 ZPO frei wählen, so dass sowohl
eine Klage vor dem Amtsgericht Köln als auch vor den
Amtsgerichten Düsseldorf oder Wuppertal zulässig wäre.

20

Hinweis:
Dieses Wahlrecht besteht jedoch dann nicht, wenn ein **ausschließlicher Gerichtsstand** begründet ist (s. etwa § 12 ZPO a.E.). Ausschließliche Gerichtsstände gehen den allgemeinen und besonderen zwingend vor. Ein besonders praxisrelevanter ausschließlicher Gerichtsstand besteht gem. § 29a ZPO für Miet- und Pachtstreitigkeiten.

e) Prüfungskompetenz bei mehreren in Betracht kommenden Ansprüchen

Gemäß § 32 ZPO besteht ein besonderer Gerichtsstand für Klagen aus unerlaubten Handlungen bei dem Gericht, in dessen Bezirk die Handlung begangen ist. Vorliegend wäre aufgrund dessen unter anderem das Amtsgericht Wuppertal zuständig.

Aus § 32 ZPO könnte man nun folgern, dass das Amtsgericht Wuppertal, da es für die Klage aus unerlaubter Handlung zuständig wäre, auch nur Ansprüche aus unerlaubter Handlung berücksichtigen dürfte, nicht aber zum Beispiel vertragliche Schadensersatzansprüche wie etwa aus §§ 631, 633, 634 Nr. 4, 280 I BGB. Dies könnte für Marlene angesichts der ausschließlich für die vertragliche Haftung vorgesehenen Beweislastumkehr bezüglich des Vertretenmüssens in § 280 I 2 BGB Bedeutung erlangen.

Nach heute herrschender Meinung begründet § 32 ZPO jedoch entsprechend § 17 II 1 GVG eine **umfassende Prüfungskompetenz** des Gerichts, das an sich nur für eine der in Betracht kommenden Anspruchsgrundlagen örtlich zuständig ist. Der Begriff „Klage" in § 32 ZPO knüpft insoweit an den mit der Klage geltend gemachten prozessualen Streitgegenstand an. Nach dem zweigliedrigen Streitgegenstandsbegriff wird der Streitgegenstand bestimmt durch zwei Elemente: erstens den Lebenssachverhalt, auf den die Klage gestützt wird (hier: Reifenwechsel und Unfall) und zweitens den Klageantrag (hier: Zahlung von 2850 Euro). Über diesen Streitgegenstand hat das Gericht umfassend, also unter allen in Betracht kommenden rechtlichen Gesichtspunkten, zu entscheiden, sofern seine Zuständigkeit – nach welcher Norm auch immer – begründet ist.

3. Ergebnis

Für ihre Klage gegen Gunnar wären das Amtsgericht Köln, das Amtsgericht Düsseldorf und auch das Amtsgericht Wuppertal sachlich und örtlich zuständig. Zwischen diesen Gerichten kann Marlene gem. § 35 ZPO frei wählen. Das von ihr gewählte Gericht hat dann die Klage unter allen in Betracht kommenden rechtlichen Gesichtspunkten zu prüfen und zu entscheiden.

Fall 4: Gerichtsstandsvereinbarung

Die A-AG mit Sitz in Düsseldorf bietet kommerzielle Lösungen im Bereich der Systemgastronomie an. Die B-GmbH mit Sitz in Köln kauft bei der A-AG Speisekarten für mehrere von ihr betriebene Schnellrestaurants in Köln zu einem Preis von insgesamt 4.500 Euro. Im Anschluss an den mündlichen Vertragsschluss übersendet die A-AG der B-GmbH ein Bestätigungsschreiben. Darin verweist die A-AG auf ihre AGB, die auf der Rückseite des Bestätigungsschreibens abgedruckt sind. In diesen AGB heißt es unter anderem, dass für alle Streitigkeiten aus oder im Zusammenhang mit dem zwischen den Parteien abgeschlossenen Vertrag das Landgericht Düsseldorf zuständig ist. Die B-GmbH widerspricht dem Bestätigungsschreiben nicht.

Trotz mehrfacher Mahnung zahlt die B-GmbH den Kaufpreis in Höhe von 4.500 Euro nicht. Daraufhin verklagt die A-AG die B-GmbH auf Zahlung von 4.500 Euro vor dem Landgericht Düsseldorf. Die B-GmbH wendet sich daraufhin an ihren Rechtsanwalt und fragt, ob das Landgericht Düsseldorf überhaupt für eine solche Klage zuständig sei.

Was wird der Rechtsanwalt der B-GmbH antworten?

1. Gesetzliche Zuständigkeiten

2. Prorogation
   a) Einbeziehung der AGB
   b) Prozessuale Wirksamkeit der Gerichtsstandsvereinbarung
   c) Materielle Wirksamkeit der Gerichtsstandsvereinbarung

3. Ergebnis

1. Gesetzliche Zuständigkeiten

Die **sachliche Zuständigkeit** in bürgerlichen Rechtsstreitigkeiten bestimmt sich nach § 1 ZPO in Verbindung mit §§ 71, 23 GVG. Da vorliegend der Zuständigkeitsstreitwert 5.000 Euro nicht übersteigt und die kaufvertragliche Rechtsstreitigkeit auch nicht streitwertunabhängig dem Landgericht zugewiesen ist, wäre gem. § 23 Nr. 1 GVG das Amtsgericht sachlich zuständig.

Die **örtliche Zuständigkeit** bestimmt sich nach den §§ 12 ff ZPO. Allgemeiner Gerichtsstand der B-GmbH ist Köln (§§ 12, 17 I ZPO). Besonderer Gerichtsstand des Erfüllungsorts gem. § 29 ZPO ist vorliegend ebenfalls Köln: Der Erfüllungsort ist nach materiellem Recht zu bestimmen, wobei Erfüllungsort der Leistungsort im Sinne der §§ 269, 270 BGB ist, also der Ort, an dem die Leistungshandlung vorzunehmen ist. Erfüllungsort der Verpflichtung zur Kaufpreiszahlung ist, da es sich bei der Verpflichtung zur Kaufpreiszahlung um eine Geldschuld in Form einer qualifizierten Schickschuld gem. § 270 BGB handelt, der Sitz des Schuldners, vorliegend also Köln als Sitz der B-GmbH.

Im Ausgangspunkt wäre also das Amtsgericht Köln zur Entscheidung berufen, das Landgericht Düsseldorf demnach für den Rechtsstreit weder sachlich noch örtlich zuständig.

2. Prorogation

Das Landgericht Düsseldorf könnte jedoch aufgrund einer vertraglichen Vereinbarung der Parteien über dessen Zuständigkeit (sog. **Prorogation**) zuständig sein. Eine derartige Gerichtsstandsvereinbarung könnte sich aus den Regelungen der AGB der A-AG ergeben. Voraussetzung ist, dass die AGB der A-AG wirksam in den Vertrag einbezogen wurden und die Gerichtsstandsvereinbarung prozessual und materiell wirksam ist.

a) Einbeziehung der AGB

Da die A-AG ihre AGB gegenüber einem Unternehmer verwendete, gelten die strengen Einbeziehungsvorschriften des § 305 II und III BGB nicht, s. § 310 I 1 BGB. Durch ein **kaufmännisches Bestätigungsschreiben**, gegen das wie vorliegend kein Widerspruch erhoben wird, können auch AGB in den Vertrag einbezogen werden, Dies gilt auch, wenn in dem kaufmännischen Bestätigungsschreiben erstmalig auf die AGB Bezug genommen wurde.

> **Hinweis:** Die Voraussetzungen eines kaufmännischen Bestätigungsschreibens sollen an dieser Stelle nicht weiter erörtert werden. Aber nehmen Sie doch diesen Fall zum Anlass, Ihr handelsrechtliches Wissen hierzu aufzufrischen!

b) Prozessuale Wirksamkeit der Gerichtsstandsvereinbarung

Grundsätzlich besteht ein Progorationsverbot. Nur ausnahmsweise, nämlich unter den Voraussetzungen der §§ 38, 40 ZPO, ist eine Gerichtsstandsvereinbarung möglich. Der Gesetzgeber hat Gerichtsstandsvereinbarungen enge Grenzen gesetzt, um die durch die gesetzlichen Gerichtsstände gewährleistete Waffengleichheit der Parteien nicht auszuhöhlen.

Die Gerichtsstandsvereinbarung ist vorliegend grundsätzlich gem. **§ 38 I ZPO** zugelassen: Bei einem Landgericht handelt es sich – anders als etwa bei einem Oberlandesgericht oder dem Bundesgerichtshof – um ein Gericht des ersten Rechtszugs, die A-AG und die B-GmbH haben eine Vereinbarung zur Zuständigkeit getroffen und beide sind (Form-) Kaufleute (§ 6 I HGB, § 3 AktG, § 13 III GmbHG).

Die nach § 38 I ZPO zugelassene Gerichtsstandsvereinbarung dürfte nicht gem. **§ 40 I ZPO** unwirksam sein, was der Fall wäre, wenn sie sich nicht auf ein bestimmtes Rechtsverhältnis und die aus ihm entspringenden Rechtsstreitigkeiten bezöge. Hierdurch soll vermieden werden, dass die Parteien durch pauschale Gerichtsstandsvereinbarungen ihre gesamte Geschäftsbeziehung den gesetzlichen Gerichtsständen entziehen. Zudem wird so sichergestellt, dass der spätere Beklagte vorhersehen kann, für welche Fälle genau von den gesetzlichen Gerichtsständen abgewichen wird. Vorliegend wurden die AGB in den Kaufvertrag über die Speisekarten einbezogen, so dass sich die Gerichtsstandsvereinbarung also auch nur auf das hierdurch begründete Rechtsverhältnis (Kaufvertrag) und die hieraus entspringenden Rechtsstreitigkeiten (hier: Kaufpreiszahlung) bezieht. Die Gerichtsstandsvereinbarung ist demnach nicht gem. § 40 I ZPO unwirksam.

Schließlich dürfte die Gerichtsstandsvereinbarung auch nicht gem. **§ 40 II 1 ZPO** unzulässig sein. Es wird jedoch weder ein nichtvermögensrechtlicher Anspruch geltend gemacht, noch ist für die Klage ein ausschließlicher Gerichtsstand begründet.

c) Materielle Wirksamkeit der Gerichtsstandsvereinbarung

Die Gerichtsstandsvereinbarung könnte gem. § 305c I BGB als überraschende Klausel nicht Vertragsbestandteil oder gem. § 307 I BGB wegen unangemessener Benachteiligung unwirksam sein. Nach allgemeiner Auffassung sind Gerichtsstandsklauseln in Allgemeinen Geschäftsbedingungen zwischen Unternehmern im innerdeutschen Rechtsverkehr allerdings grundsätzlich weder überraschend noch unangemessen benachteiligend. Etwas anderes gilt nur dann, wenn der gewählte Gerichtsstand sachfremd oder willkürlich ist.

Vorliegend wurde Düsseldorf als Gerichtsstand gewählt, wo die A-AG ihren Sitz hat. Die Wahl des eigenen Gerichtsstands ist jedoch nicht sachfremd oder willkürlich, sondern soll der Partei den mit einer Prozessführung in einem entfernten Gericht verbundenen Zeit- und Kostenaufwand ersparen.

Hinweis: Bedenken würden etwa bestehen hinsichtlich eines Gerichtsstands, zu dem keine der Parteien irgendeinen Bezug hätte. Hier läge es nahe, dass der Gerichtsstand gewählt wurde, um sich die Entscheidungspraxis eines bestimmten Gerichts zunutze zu machen oder um dem Gegner die Führung von Rechtsstreitigkeiten zu erschweren.

Im Grundsatz ebenfalls weder überraschend noch unangemessen benachteiligend ist eine Abweichung von der gesetzlichen sachlichen Zuständigkeit, also insbesondere die Begründung einer amts- oder landgerichtlichen Zuständigkeit unabhängig vom Streitwert. Wird, wie hier, die Zuständigkeit des Landgerichts vereinbart, liegt dem regelmäßig die – nicht sachfremde – Überlegung zugrunde, die bei den Landgerichten vorhandenen größeren Zeitressourcen für die Bearbeitung eines jeden Falles zu nutzen.

> **Hinweis:** Auch die streitwertunabhängige Wahl des amts-
> gerichtlichen Gerichtsstands wird kaum einmal sachfremd sein.
> Regelmäßig liegt ihr die Überlegung zugrunde, den Prozess beim
> nächstgelegenen Gericht und ohne den Zwang, einen
> Rechtsanwalt mandatieren zu müssen (s. § 78 I 1 ZPO), führen zu
> können.

Demnach ist die Gerichtsstandsvereinbarung auch materiell
wirksam.

3. Ergebnis

Aufgrund der Gerichtsstandsvereinbarung ist das Landgericht
Düsseldorf abweichend von den gesetzlich vorgesehenen
Zuständigkeiten sachlich und örtlich für die Kaufpreisklage der A-
AG gegen die B-GmbH zuständig.

Fall 5: Prozessfähigkeit, Zulässigkeitsprüfung

Dem in Hamburg lebenden Bernd missfällt die Beziehung seiner Tochter zu dem 16 Jahre alten Kenan. Da er seine Tochter nicht dazu bringen kann, die Beziehung zu beenden, entschließt er sich, mit Kenan bei einem seiner nächtlichen Spaziergänge am Hamburger Hafen ein ernstes Wort zu führen. Kenan ignoriert Bernd jedoch, als dieser ihn anspricht. Daraufhin wird Bernd wütend und schlägt Kenan mit einer Zaunlatte nieder. Hierdurch verliert Kenan mehrere Zähne.

Kenan reicht daraufhin beim Amtsgericht Hamburg eine von ihm unterschriebene Klage gegen Bernd auf Zahlung von Schadensersatz in Höhe von 1.000 Euro ein. Die Klage wird an Bernd zugestellt.

In der mündlichen Verhandlung, aufgrund derer das Gericht nun entscheiden möchte, äußert Bernd, dass er es komisch fände, dass ein Jugendlicher ihn verklagen könne. Das Gericht wendet sich daher an die in der Verhandlung als Zuschauer anwesenden Eltern von Kenan. Diese sagen, dass sie stolz seien, wie Kenan eigenständig den Prozess angestoßen und geführt habe.

Ist die Klage zulässig?

1. **Prozessvoraussetzungen**

2. **Sachurteilsvoraussetzungen**

    a)   Eröffnung des Zivilrechtswegs
    b)   Zuständigkeit des Amtsgerichts Hamburg
    c)   Parteifähigkeit
    d)   Prozessfähigkeit
    e)   Einwand anderweitiger Rechtshängigkeit und Einwand entgegenstehender Rechtskraft

3. **Prozesshindernisse**

4. **Ergebnis**

Die Klage ist zulässig, wenn (1) die Prozessvoraussetzungen und (2) die Sachurteilsvoraussetzungen vorliegen und (3) keine prozesshindernde Einrede erhoben wurde.

1. Prozessvoraussetzungen

Die Prozessvoraussetzungen liegen vor: Der Rechtsstreit unterfällt der deutschen Gerichtsbarkeit. Das angerufene Gericht – das Amtsgericht – ist funktionell als erstinstanzliches Gericht zuständig. Die Klageschrift ist unterschrieben (s. §§ 253 IV, 130 Nr. 6 ZPO), die Klage also wirksam eingereicht.

Hinweis: Die Prozessvoraussetzungen unterscheiden sich von den Sachurteilsvoraussetzungen darin, dass bei ihrem Fehlen – sofern das Gericht dieses erkennt – die Klage schon **nicht zugestellt** wird und somit kein Prozessrechtsverhältnis zwischen den Parteien zustande kommt. Der Richter wird die Klageschrift einfach weglegen und der klagenden Partei möglicherweise den Hinweis erteilen, dass das Gericht das Verfahren nicht weiter betreiben wird. Man spricht hier von einer „a-limine-Abweisung", die Klage wird also gleichsam schon „auf der Türschwelle" abgewiesen.

In landgerichtlichen Verfahren ist zu beachten, dass sich die Parteien durch einen Rechtsanwalt vertreten lassen müssen (§ 78 I 1 ZPO). Dort sind also nur Rechtsanwälte **postulationsfähig.** Die Klageschrift einer nicht anwaltlich vertretenen Partei würde ebenfalls nicht zugestellt werden.

Regelmäßig ergeben sich bei den Prozessvoraussetzungen jedoch keine Probleme, weshalb sie zumeist nicht weiter diskutiert werden müssen. Sie können hier aber in der Klausur zeigen, dass Sie wissen, dass die Zulässigkeit einer Klage nicht nur vom Vorliegen der Sachurteilsvoraussetzungen abhängt!

---

2. Sachurteilsvoraussetzungen

Zudem müssten die Sachurteilsvoraussetzungen gegeben sein.

> **Hinweis:** Anders als die Prozessvoraussetzungen müssen die Sachurteilungsvoraussetzungen erst am Schluss der letzten mündlichen Verhandlung vorliegen. Eine zunächst unzulässige Klage kann also in die Zulässigkeit hineinwachsen. Um sich die verschiedenen Sachurteilsvoraussetzungen besser merken zu können, kann man diese in drei Gruppen einteilen, nämlich in
>
> 1) **gerichtsbezogene** Sachurteilsvoraussetzungen,
>
> 2) **parteibezogene** Sachurteilsvoraussetzungen und
>
> 3) **streitgegenstandsbezogene** Sachurteilsvoraussetzungen.
>
> Schauen Sie, wie Sie die nachfolgend geprüften Sachurteilsvoraussetzungen in diesem Schema unterbringen würden.

a) Eröffnung des Zivilrechtsweges

Der Zivilrechtsweg ist gem. § 13 GVG eröffnet, wenn es sich um eine bürgerliche Rechtsstreitigkeit handelt. Dies bestimmt sich nach der Natur des Rechtsverhältnisses, aus dem der Klageanspruch hergeleitet wird. Kenan verlangt von Bernd Schadensersatz wegen einer Verletzungshandlung. Dieses Begehren kann gegen jedermann gerichtet sein, Bezüge zu einer hoheitlichen Tätigkeit oder einem Arbeitsverhältnis sind nicht ersichtlich. Seiner Natur nach ist das zugrunde liegende Rechtsverhältnis demnach bürgerlich-rechtlich, der Zivilrechtsweg also eröffnet.

> **Hinweis:** Halten Sie sich hier ganz kurz, die Eröffnung des Zivilrechtswegs wird in Zivilklausuren regelmäßig unproblematisch sein, längere Ausführungen wie etwa in öffentlich-rechtlichen Klausuren sind hier regelmäßig fehl am Platz.

b) Zuständigkeit des Amtsgerichts Hamburg

Das Amtsgericht Hamburg ist mangels streitwertunabhängiger Zuweisung an das Landgericht oder das Amtsgericht gem. § 1 ZPO, §§ 71, 23 Nr. 1 GVG sachlich zuständig, wenn der Zuständigkeitsstreitwert 5.000 EUR nicht übersteigt. Dies ist der Fall.

Das Amtsgericht Hamburg müsste auch örtlich zuständig sein.

Zum einen könnte in Hamburg der allgemeine Gerichtsstand gem. § 12 ZPO des Bernd begründet sein. Gem. § 13 ZPO wird der allgemeine Gerichtsstand einer Person durch den Wohnsitz bestimmt, wobei der Wohnsitz gem. § 7 I BGB an dem Ort begründet ist, an dem eine Person sich ständig niederlässt. Da Bernd in Hamburg lebt, ist hier auch sein Wohnsitz und demnach sein allgemeiner Gerichtsstand. Ein ausschließlicher Gerichtsstand ist nicht ersichtlich, so dass das Amtsgericht Hamburg demnach gem. § 12 ZPO örtlich zuständig ist.

Hinweis: Sie haben somit festgestellt, dass das Amtsgericht Hamburg sachlich und örtlich zuständig ist. Sie schreiben aber ein Gutachten: Sofern noch andere Gerichtsstände in Frage kommen, sollten Sie auch diese ansprechen. Zugleich können Sie so zeigen, dass Sie die Systematik der Gerichtsstände verstanden haben.

Das Amtsgericht Hamburg könnte auch gem. § 32 ZPO örtlich zuständig sein. Kenan stützt seine Klage darauf, dass er von Bernd verletzt wurde, also auf eine unerlaubte Handlung gem. § 823 Abs. 1 BGB und § 823 Abs. 2 BGB i.V.m. §§ 223 I, 224 I Nr. 2 StGB. In Hamburg wäre dann der besondere Gerichtsstand der unerlaubten Handlung begründet, wenn dort die Handlung begangen worden wäre. Begehungsort im Sinne des § 32 ZPO ist jeder Ort, an dem auch nur eines der wesentlichen Tatbestandsmerkmale verwirklicht wurde, also sowohl am Handlungsort als auch am Erfolgsort. Hier hat Bernd in Hamburg sowohl die Verletzungshandlung (Zuschlagen) ausgeführt als auch den Verletzungserfolg (Ausgeschlagene Zähne) herbeigeführt, so dass Begehungsort Hamburg ist. Das Amtsgericht Hamburg ist folglich auch gem. § 32 ZPO örtlich zuständig.

c) Parteifähigkeit

Kenan und Bernd sind rechtsfähig (§ 1 BGB) und damit auch gem. § 50 I ZPO parteifähig.

Hinweis: Die Parteifähigkeit wird bei natürlichen Personen kaum jemals problematisch sein. Erörterungsbedarf besteht aber dann, wenn juristische Personen im Sachverhalt auftreten. Zitieren Sie dann an die Rechtsfähigkeit begründenden Normen (z.b. § 1 AktG, § 13 GmbHG). Weitere Ausführungen werden stets bei der Außen-GbR vonnöten sein.

---

d) Prozessfähigkeit

Sowohl Kenan als auch Bernd müssten prozessfähig gem. § 51 ZPO sein.

Gem. § 52 I ZPO ist eine Person insoweit prozessfähig, als sie sich durch Verträge verpflichten kann. Voll geschäftsfähige Personen sind demnach stets auch prozessfähig. Jedoch ist Kenan erst 16 Jahre alt und damit gem. § 106 BGB noch nicht voll geschäftsfähig. Eine beschränkte Prozessfähigkeit – entsprechend der beschränkten Geschäftsfähigkeit – kennt das Gesetz jedoch nicht. An Kenans Prozessunfähigkeit würde sich auch dann nichts ändern, wenn Kenan einen Rechtsanwalt eingeschaltet hätte.

Allerdings könnte der Mangel der Prozessfähigkeit dadurch geheilt worden sein, dass Kenans gesetzliche Vertreter die Prozessführung genehmigt haben, wobei die Genehmigung auch konkludent erteilt werden kann. Im Termin zur mündlichen Verhandlung haben Kenans Eltern zum Ausdruck gebracht, dass sie stolz seien, wie dieser eigenständig den Prozess angestoßen und geführt habe. Kenans Eltern sind gem. §§ 1629 I 1, 1626 I 1 BGB seine gesetzlichen Vertreter. Ihre Erklärung ist dahingehend auszulegen, dass sie die Prozessführung durch ihren Sohn insgesamt genehmigt haben. Kenans Prozessunfähigkeit ist damit geheilt.

Hinsichtlich der Prozessfähigkeit des Bernd bestehen keine Bedenken.

e) Einwand anderweitiger Rechtshängigkeit und Einwand entgegenstehender Rechtskraft

Aus dem Sachverhalt ergeben sich keine Anhaltspunkte dafür, dass die Streitsache bereits an einem anderen Gericht rechtshängig ist (§ 261 III Nr. 1 ZPO) oder dass über den Streitgegenstand bereits rechtskräftig entschieden wurde (§ 322 ZPO).

3. Prozesshindernisse

Bernd hat keine Prozesshindernisse geltend gemacht.

> **Hinweis:** Die wichtigsten Prozesshindernisse finden sich in §§ 269 VI und 1032 I ZPO (lesen!). Anders als die Prozess- und Sachurteilsvoraussetzungen sind sie nicht von Amts wegen zu berücksichtigen, sondern nur auf Rüge der gegnerischen Partei.

4. Ergebnis

Die Klage ist zulässig.

Fall 6: Klageeinreichung

Das Jurastudium war zwar nicht das richtige für ihn, jedoch hat Prinzel nun eine Lehre absolviert und ist ein begabter Handwerker. Leider langweilt ihn die Buchhaltung. So kommt es immer wieder vor, dass Prinzel versäumt, Rechnungen für die erbrachten Leistungen zu schreiben. An einem Silvesterabend erinnert er sich nun daran, dass gegenüber seinem Kunden Sören noch eine Forderung über 3.200 Euro offen ist und diese um Mitternacht verjähren wird. Schnell verfasst er eine Klageschrift. Allerdings ist die Zeit zu knapp, um noch bei Gericht vorbeizufahren und die Klage einzuwerfen. Kurzerhand übermittelt Prinzel die Klageschrift per

1. Fax
2. Computer-Fax mit eingescannter Unterschrift
3. E-Mail

an das sachlich und örtlich zuständige Amtsgericht München.

Ist die Klage jeweils wirksam eingereicht?

1. Klageeinreichung per Fax

Prinzel hat die Klage wirksam per Fax eingereicht, wenn dies der für die Einreichung von Klageschriften geltenden Schriftlichkeitsform (Klage*schrift*, s. auch § 253 V 1 ZPO) genügt.

Hinweis zur Terminologie: Hier geht es um die Klage*einreichung*, nicht etwa um die Klage*erhebung*. Erhoben ist die Klage nämlich erst mit Zustellung der Klageschrift an den Gegner, s. § 253 I ZPO.

Die Schriftlichkeitsform ist dabei nur gewahrt, wenn die Klageschrift eine **Unterschrift** trägt, s. § 253 IV i.V.m. § 130 Nr. 6 ZPO. Dabei ist § 130 Nr. 6 ZPO, der eigentlich (die mündliche Verhandlung) vorbereitende Schriftsätze betrifft, im Hinblick auf bestimmende Schriftsätze nach allgemeiner Auffassung als Muss-Vorschrift zu lesen, das Unterschriftserfordernis also **zwingend**. Die geforderte Schriftlichkeit einschließlich des Unterschriftserfordernisses soll gewährleisten, dass der Klageschrift (1) der Inhalt der Erklärung, die abgegeben werden soll, und (2) die Person, von der sie ausgeht, hinreichend zuverlässig entnommen werden kann und (3) zudem feststeht, dass es sich hierbei nicht bloß um einen (irrigerweise übermittelten) Entwurf einer Klageschrift handelt.

Im Falle eines Faxes (Telekopie) wird bei Gericht eine Kopie eines bei dem Absender vorhandenen Dokuments erzeugt. Zwar wird das Dokument elektronisch bei Gericht (nämlich im Faxgerät) gespeichert, hierbei handelt es sich jedoch nur um Durchgangsstadium. Insofern wird die Klageschrift schriftlich – und nicht etwa nur elektronisch – eingereicht. Jedoch trägt das bei Gericht erstellte schriftliche Dokument keine Originalunterschrift, sondern bloß die Kopie einer Unterschrift. Dem trägt allerdings § 130 Nr. 6 ZPO Rechnung: Im Falle der Übermittlung der Klageschrift per Fax ist die Wiedergabe der Unterschrift in Kopie ausreichend.

Die Klageschrift genügt damit der Schriftlichkeitsform, Prinzel hat die Klage wirksam eingereicht.

2. Klageeinreichung per Computer-Fax

Im Falle eines Faxes wird bei Gericht eine Kopie eines beim Absender in Papierform vorhandenen (und unterschriebenen) Dokuments erzeugt. Beim Computer-Fax dagegen fehlt es beim Absender an einem solchen in Papierform vorhandenen und unterschriebenen Dokument. Das Dokument wird vielmehr am Computer (oder einem anderen dazu geeigneten Gerät wie etwa auch einem Smartphone) erstellt und an das Gericht übersandt. Erst durch den Ausdruck bei Gericht entsteht ein Dokument in Papierform.

Die Voraussetzungen des § 130 Nr. 6 ZPO liegen in diesem Fall nicht vor: Weder trägt der Ausdruck eine Originalunterschrift noch wird eine andernorts vorhandene Unterschrift in Kopie wiedergegeben. Es fragt sich aber, ob unter Berücksichtigung von

Sinn und Zweck des Unterschriftserfordernisses (s.o.) auch im Falle eines Computerfaxes § 130 Nr. 6 ZPO als Muss-Vorschrift zu lesen ist. Dies ist nicht der Fall: Ähnlich wie bei der gewohnheitsrechtlich anerkannten (heute aber praktisch nicht mehr vorkommenden) Einreichung der Klageschrift per Telegramm ist auch bei der Einreichung per Computerfax der Erklärende ausreichend sicher identifizierbar. Die gilt jedenfalls dann, wenn das Computerfax mit dessen eingescannter oder digital erzeugter Unterschrift oder mit dem Hinweis versehen ist, dass wegen der gewählten Übertragungsform eine Unterzeichnung nicht möglich ist. Eines darüber hinausgehenden besonderen Nachweises der Urheberschaft (Authentizität) oder eines besonderen Schutzes vor nachträglicher Veränderung (Integrität) bedarf es nicht.

Vorliegend hatte Prinzel die Klageschrift mit einer eingescannten Unterschrift versehen. Die Klageschrift wurde damit wirksam eingereicht.

Hinweis: Beachten Sie, dass eine eingescannte Unterschrift auf einem gewöhnlichen Fax dagegen nicht ausreicht. Der BGH argumentiert, dass hier kein Grund für die Akzeptanz bestehe, weil es dem Absender ohne weiteres möglich gewesen wäre, das ausgedruckte Schriftstück eigenhändig zu unterschreiben.

---

3. Klageeinreichung per E-Mail

Im Falle einer Klageeinreichung per E-Mail wird bei Gericht kein schriftliches Dokument erzeugt, sondern es erfolgt ausschließlich eine elektronische Speicherung. Die Schriftlichkeitsform einschließlich des Unterschriftserfordernisses ist also nicht gewahrt. Allerdings ist auch die **elektronische Einreichung** der Klageschrift grundsätzlich zulässig, s. etwa § 253 V ZPO.

Im Falle der elektronischen Einreichung einer Klageschrift (per E-Mail, SMS, Chatnachricht und dergleichen) ist die Urheberschaft jedoch deutlich schwerer zu erkennen, zudem besteht eine erheblich größere Anfälligkeit für Manipulationen des elektronischen Dokuments, so dass Authentizität und Integrität (und damit zugleich die Zwecke des Schriftformerfordernisses) gefährdet sind. Aus diesem Grund erfordert die Einreichung der **Klageschrift als elektronisches Dokument** gem. §§ 253 IV, 130a III ZPO entweder eine qualifizierte elektronische Signatur oder eine einfache elektronische Signatur und Einreichung auf einem der in § 130a IV ZPO beschriebenen sicheren Übermittlungswege.

Die E-Mail von Prinzel erfüllte diese Voraussetzungen nicht. Damit hat er die Klageschrift nicht wirksam eingereicht.

Hinweis: Beachten Sie, dass der elektronische Rechtsverkehr in der Justiz bundesweit auf dem Vormarsch ist. Politisches Ziel ist ein flächendeckender elektronischer Rechtsverkehr und zugleich eine elektronische Aktenführung bei den Gerichten.

Fall 7: Der Klageantrag

Bömer und Schlömer sind Waldarbeiter. Als sie eines Tages eine große Eiche fällen wollen, kommt es zu einem von Bömer verschuldeten Unfall, bei dem Schlömer verletzt wird.

Schlömer verklagt Bömer daraufhin auf „Zahlung eines angemessenen Schmerzensgeldes". In seiner Klageschrift führt er sehr detailliert aus, wie es zum Unfall gekommen ist, warum seiner Meinung nach Bömer die alleinige Schuld trägt und welche Verletzungen er durch den Unfall erlitten hat. Einen konkreten Betrag, den er als Schmerzensgeld nunmehr von Bömer fordert, benennt Schlömer nicht. Allerdings gibt er an, dass er ein Schmerzensgeld von mindestens 3.000 Euro für angemessen erachte.

Einige Tage, nachdem Schlömer die Klage an das zuständige Gericht geschickt hat, kommen ihm Zweifel, ob die Klageschrift den gesetzlichen Anforderungen entspricht. Er fragt deshalb bei seinem Rechtsanwalt nach, ob ihm Nachteile drohen.

Was wird der Rechtsanwalt antworten?

Der zwingende Inhalt der Klageschrift ergibt sich aus § 253 II ZPO. Gem. § 253 II Nr. 2 ZPO muss die Klageschrift eine bestimmte Angabe des Gegenstandes und des Grundes des erhobenen Anspruchs sowie einen bestimmten Antrag enthalten. Nur dann ist die Klage zulässig, es handelt sich also um eine streitgegenstandsbezogene Sachurteilsvoraussetzung.

Zu dem **Gegenstand und dem Grund des erhobenen Anspruchs** – Schadensersatzanspruch aufgrund des Unfallgeschehens – hat Schlömer in der Klageschrift ausführliche Angaben gemacht.

Ein **bestimmter Klageantrag** liegt vor, wenn der Antrag konkret bezeichnet wird und hierdurch Inhalt und Umfang begehrten Entscheidung erkennen lässt. Ein Zahlungsantrag ist hiernach grundsätzlich nur dann bestimmt, wenn er **beziffert** ist.

> **Hinweis:** Insbesondere bei Klägern, die keinen anwaltlichen Beistand haben, ist zu berücksichtigen, dass die gestellten Anträge nach allgemeinen Maßstäben einer Auslegung im Sinne der §§ 133, 157 BGB zugänglich sind. Maßgeblich ist bei Unklarheiten, was nach den Maßstäben der Rechtsordnung vernünftig ist und dem recht verstandenen Parteiinteresse entspricht.

Schlömer hat seinen Zahlungsantrag nicht beziffert, sondern allgemein ein Schmerzensgeld verlangt. Ausnahmsweise kann jedoch auch ein **unbezifferter Zahlungsantrag** dem Bestimmtheitserfordernis genügen. Dies ist insbesondere dann der Fall, wenn die Höhe des Anspruchs gem. § 287 II ZPO der richterlichen Schätzung unterliegt oder von dem billigen Ermessen des Gerichts abhängt, wie dies beim Schmerzensgeld der Fall ist (s. § 253 II BGB).

Zwingend erforderlich sind dann aber Angaben zu den für die Schätzung oder für die Bemessung des Schmerzensgeldes maßgeblichen Tatsachen, also **Angaben zu den Ermessens- oder Schätzungsgrundlagen**, im Falle des Schmerzensgeldes also etwa zur Intensität und Dauer der Schmerzen und zu Einschränkungen infolge der Schmerzen). In der Klageschrift des Schlömer sind diese Angaben enthalten.

> **Hinweis:** Hierdurch soll den dem Kläger sonst drohenden Risiken begegnet werden. Ist sein bezifferter Klageantrag nämlich zu niedrig, müsste er eine weitere Klage einreichen. Ist der bezifferte Klageantrag zu hoch, drohen Kostennachteile (§ 92 I ZPO; s. aber auch § 92 II Nr. 2 ZPO).

Zudem ist (wohl nach wie vor) erforderlich, dass der Kläger zumindest eine **ungefähre Größenordnung oder einen Mindestbetrag** angibt oder zumindest eine vorläufige gerichtliche Streitwertfestsetzung hinnimmt. Aber auch im eigenen Interesse sollte der Kläger einen Mindestbetrag angeben. Denn für eine etwaige Berufung ist erforderlich, dass der Kläger durch das Urteil beschwert ist. Nennt der Kläger einen Mindestbetrag und wird in dem Urteil dieser Mindestbetrag unterschritten, so ist nach Maßgabe der besonderen Bestimmungen zur Berufung (vgl. §§ 511 ff. ZPO) der Kläger beschwert und grundsätzlich berechtigt, die Berufung einzulegen. Schaden wird sich der Kläger durch die Angabe eines Mindestbetrags nicht, denn das Gericht darf diesen Betrag überschreiten, ohne hierdurch gegen die sog. Dispositionsmaxime (vgl. § 308 ZPO) zu verstoßen. In seiner Klageschrift hat Schlömer einen Mindestbetrag von 3.000 Euro angegeben.

Damit sind die Voraussetzungen erfüllt, unter denen ein unbezifferter Zahlungsantrag bestimmt gem. § 253 II Nr. 2 ZPO ist. Der Rechtsanwalt wird Schlömer antworten, dass er keine Nachteile im Hinblick auf seinen unbezifferten Klageantrag zu erwarten hat.

Hinweis: Die **Dispositionsmaxime** ist das prozessuale Gegenstück zur Vertragsfreiheit und ebenso wie diese Ausdruck der Privatautonomie. Sie besagt, dass die Parteien und nicht etwa das Gericht über das Verfahren herrschen und den Verfahrensgegenstand bestimmen, der Zivilprozess also zu ihrer Disposition steht. Die Dispositionsmaxime findet seinen Ausdruck unter anderem in Folgendem:

- Der Zivilprozess wird begonnen durch die Klageeinreichung der klägerischen Partei, beruht also auf deren Willensentschluss.

- Der Streitgegenstand wird durch die klägerische Partei bestimmt (s. § 253 II Nr. 2 ZPO).

- Das Gericht ist an den Klageantrag gebunden, kann also nicht darüber hinausgehen (s. § 308 I 1 ZPO) und muss über diesen vollständig entscheiden.

- Die klägerische Partei kann das Verfahren dadurch beenden, dass sie die Klage zurücknimmt (§ 269 ZPO) oder – in der Praxis äußerst selten – auf den geltend gemachten Anspruch verzichtet (§ 306 ZPO).

II. Prozessführungsmöglichkeiten

Fall 8: Klagerücknahme

Karola aus Freiburg ist eine begeisterte Sammlerin antiker Schachspiele. Als sie jedoch eines Tages selbst dringend Geld benötigt, entschließt sie sich, ein altes indisches Schachspiel an ihren Bekannten Ben aus Hannover zu verkaufen. Sie einigen sich auf einen Kaufpreis von 2.500 Euro und Karola überlässt Ben das Schachspiel. Auf die 2.500 Euro wartet Karola allerdings vergeblich. Vielmehr teilt Ben Karola auf mehrfache Mahnung hin telefonisch mit, dass er das Geld dauerhaft nicht auftreiben könne und deswegen auch nicht zahlen werde. Karola reißt der Geduldsfaden und sie reicht am 1. Februar eine zulässige Klage gegen Ben auf Zahlung des vereinbarten Kaufpreises beim Amtsgericht Hannover ein. Die Klageschrift wird Ben am 15. Februar zugestellt.

Das Amtsgericht beraumt eine Güteverhandlung und einen frühen ersten Termin auf den 1. April an. In der Güteverhandlung macht Karola Ben Vorhaltungen wegen dessen Unzuverlässigkeit. Da unterbricht Ben sie und wirft ihr vor, selbst unzuverlässig zu sein. Er legt einen Kontoauszug vor, aus dem hervorgeht, dass er die 2.500 Euro bereits am 10. Februar auf ein Konto der Karola überwiesen hat. Karola fühlt sich von Ben hintergangen, nimmt ihre Klage jedoch zurück und stellt den Antrag, Ben die Kosten des Rechtsstreits aufzuerlegen. Ben entgegnet daraufhin, dass es doch nicht sein Problem sei, wenn Karola ihre Kontobewegungen nicht überblicke. Er stellt den Antrag, die Klage abzuweisen.

Wird das Gericht Karolas Antrag folgen?

---

1. Wirksame Klagerücknahme
  a) Erklärung der Klagerücknahme
  b) Zulässigkeit der Klagerücknahme
  c) Einwilligung des Beklagten
  d) Zwischenergebnis

41

2. Kostenbeschluss
   a) Anlasswegfall vor Rechtshängigkeit
   b) Klagerücknahme „daraufhin"
   c) Kostentragungspflicht nach billigem Ermessen

3. Ergebnis

Hinweis: Hat die klägerische Partei die Klagerücknahme erklärt, bestehen zwei Möglichkeiten: Ist die Klagerücknahme wirksam, ist damit der Streitgegenstand der Entscheidungsgewalt des Gerichts entzogen. Dann ist gem. § 269 III, IV ZPO nur noch auf Antrag im Beschlusswege über die Kosten des Rechtsstreits zu entscheiden und ggf. sind die weiteren Wirkungen festzustellen. Ist die Klagerücknahme jedoch nicht wirksam, ist der Rechtsstreit fortzuführen und ggf. durch Urteil zu beenden. Das Gericht hat also zunächst zu prüfen, ob die Klage wirksam zurückgenommen wurde.

Das Gericht wird eine Kostenentscheidung zu Gunsten von Karola treffen, wenn eine wirksame Klagerücknahme vorliegt und die Voraussetzungen des § 269 III 2 oder 3 ZPO gegeben sind.

1. Wirksame Klagerücknahme

Eine wirksame Klagerücknahme setzt voraus, dass a) eine beachtliche Erklärung der Klagerücknahme vorliegt, b) die Klagerücknahme zulässig ist und c) die Einwilligung des Gegners vorliegt, sofern diese erforderlich ist.

a) Erklärung der Klagerücknahme

Als Prozesshandlung muss die Klagerücknahmeerklärung zwar nicht **ausdrücklich** erfolgen, im Falle **schlüssigen** Handelns muss sich hieraus jedoch eindeutig der Wille zur Klagerücknahme ergeben. Vorliegend hat Karola eindeutig erklärt, die Klage zurücknehmen zu wollen.

Die Erklärung muss zudem gem. § 269 II 1 ZPO gegenüber dem Gericht – also nicht etwa nur gegenüber dem Gegner – erklärt werden, wobei dies gem. § 269 II 2 ZPO durch Einreichung eines Schriftsatzes oder in der mündlichen Verhandlung erfolgen kann. Vorliegend hat Karola die Klagerücknahme in der mündlichen Verhandlung gegenüber dem Gericht erklärt.

Die Klagerücknahmeerklärung als Prozesshandlung setzt schließlich voraus, dass die die Klagerücknahme erklärende Person **postulationsfähig** ist, andernfalls wäre die Erklärung unbeachtlich. Der Rechtsstreit wurde vor einem Amtsgericht geführt. Dort besteht kein Anwaltszwang (s. § 78 I ZPO), die Parteien können den Rechtsstreit vielmehr gem. § 79 I 1 ZPO selbst führen. Karola konnte somit die Klagerücknahme selbst erklären.

Eine beachtliche Erklärung der Klagerücknahme liegt damit vor.

b) Zulässigkeit der Klagerücknahme

Die Klagerücknahme setzt nicht voraus, dass die ursprüngliche Klage zulässig war, insofern ist es auch unerheblich, ob das angerufene Gericht für den Rechtsstreit örtlich und sachlich zuständig war. Die Klagerücknahme ist jedoch nur zulässig, wenn sie **zwischen Beginn und Ende der Rechtshängigkeit**. Rechtshängigkeit tritt gem. § 261 I ZPO ein mit Klageerhebung, gem. § 253 I ZPO also mit Zustellung der Klageschrift. Die Klageschrift wurde Ben am 15. Februar zugestellt, so dass die Klagerücknahme nach Eintritt der Rechtshängigkeit erfolgte. Es liegen auch keine Anhaltspunkte dafür vor, dass die Rechtshängigkeit vor dem Termin am 1. April bereits wieder entfallen war. Die Klagerücknahme war damit zulässig.

c) Einwilligung des Beklagten

Für eine wirksame Klagerücknahme könnte es an der Einwilligung von Ben fehlen. Gem. § 269 I ZPO kann die Klage ohne Einwilligung des Beklagten nur bis zum Beginn der mündlichen Verhandlung des Beklagten zur Hauptsache zurückgenommen werden. Eine Einwilligung ist also nur dann erforderlich, wenn die

Klagerücknahme erst nach Beginn der mündlichen Verhandlung des Beklagten zur Hauptsache erfolgt, davor bedarf es der Einwilligung des Beklagten nicht.

Der Beklagte verhandelt zur Hauptsache, wenn er sich im Hinblick auf den Streitgegenstand in tatsächlicher oder rechtlicher Hinsicht einlässt, also Ausführungen macht. Ausreichend ist bereits der Antrag, der darauf abzielt, die Klage nicht als unzulässig, sondern als unbegründet abzuweisen.

Karola und Ben diskutieren zwar zunächst über Karolas Anspruch, dies jedoch im Rahmen der Güteverhandlung. Diese geht gem. § 278 II 1 ZPO der mündlichen Verhandlung zum Zwecke einer gütlichen Beilegung des Rechtsstreits voraus. Die Güteverhandlung ist, wie sich auch aus § 279 I 1 ZPO ergibt, kein Teil der mündlichen Verhandlung, auch wenn dort der Sach- und Streitstand erörtert wird (s. § 278 II 2 ZPO). Noch in der Güteverhandlung erklärt Karola die Klagerücknahme. Bens Antrag auf Klageabweisung – durch den dieser zur Hauptsache verhandelt – erfolgt erst nach Karolas Klagerücknahmeerklärung. Somit wurde die Klagerücknahme vor Beginn der mündlichen Verhandlung des Beklagten zur Hauptsache erklärt. Der Einwilligung von Ben in die Klagerücknahme bedurfte es nicht.

d) Zwischenergebnis

Die von Karola erklärte Klagerücknahme ist wirksam und damit gem. § 269 III 1 ZPO der Rechtsstreit als nicht anhängig geworden anzusehen. Bens nachfolgender Klageabweisungsantrag geht deshalb ins Leere, er muss nicht beschieden werden. Das Gericht hat jedoch noch eine Entscheidung gem. § 269 III ZPO zu treffen.

Hinweis: Die Klagerücknahme lässt den materiellrechtlichen Anspruch gänzlich unberührt. Trotz Klagerücknahme ist es dem Kläger unbenommen, seinen Anspruch in einem späteren Prozess erneut geltend zu machen. Dies unterscheidet die lediglich prozessual wirkende Klagerücknahme von dem auch materiellrechtlich wirkenden Klageverzicht gem. § 306 ZPO.

2. Kostenentscheidung

Grundsätzlich trägt der Kläger die Kosten, wenn er die Klage wirksam zurückgenommen hat, § 269 III 2 ZPO. Etwas anderes gilt nach § 269 III 2 ZPO nur, wenn über die Kosten bereits rechtskräftig erkannt ist oder sie dem Beklagten aus einem anderen Grund aufzuerlegen sind. Beides ist hier nicht ersichtlich, so dass im Ausgangspunkt Karola die Kosten zu tragen hat.

Allerdings ermöglicht § 269 III 3 ZPO **ausnahmsweise** eine Kostenverteilung **nach billigem Ermessen** unter Berücksichtigung des bisherigen Sach- und Streitstands, so dass Ben die Kosten hiernach aufzuerlegen sein könnten. Eine solche Entscheidung nach billigem Ermessen setzt jedoch gem. § 269 III 3 ZPO voraus, dass der Anlass zur Einreichung der Klage vor Rechtshängigkeit weggefallen ist und die Klage daraufhin zurückgenommen wurde.

a) Anlasswegfall vor Rechtshängigkeit

Die Klage ist am 15. Februar rechtshängig geworden. Gezahlt hat Ben den Kaufpreis an Karola vorher, nämlich am 10. Februar. Der Anlass für die Klage ist jedoch nur dann weggefallen, wenn die Klage bis zu diesem Zeitpunkt zulässig und begründet war. Dies ist vorliegend der Fall: Die Klage war laut Sachverhalt zulässig, zudem auch wegen des aus § 433 II BGB folgenden Anspruchs von Karola begründet.

Hinweis zur Vertiefung: Der Begriff des Anlasswegfalls wird von der herrschenden Meinung angelehnt an den Begriff der Erledigung der Hauptsache, der relevant wird, wenn der Rechtsstreit für erledigt erklärt wird (vgl. § 91a ZPO). Wenn Sie sich diese Parallele merken, kann bei der Prüfung nichts mehr schiefgehen. Wie Sie sehen, bietet § 269 III 3 ZPO die schöne Möglichkeit, eine materiellrechtliche Klausur in ein prozessuales Gewand zu kleiden.

Und beachten Sie: Anders als für die Frage der Wirksamkeit der Klagerücknahme ist hier also sehr wohl entscheidend, ob die Klage überhaupt zulässig, also auch etwa das angerufene Gericht sachlich und örtlich zuständig ist.

Damit war der Anlass für die Klageeinreichung – die ausbleibende Zahlung des Kaufpreises, also die Nichterfüllung des tatsächlich bestehenden Kaufpreisanspruchs – vor Rechtshängigkeit weggefallen.

b) Klagerücknahme „daraufhin"

Daraufhin, nämlich nach Kenntnis der Zahlung, hat Karola die Klage zurückgenommen.

Hinweis: Der Gesetzgeber hat 2004 das Merkmal der Unverzüglichkeit aufgegeben. Seither kommt es bei der Klagerücknahme nur noch auf das Merkmal „daraufhin" an. Im vorliegenden Fall wirkt sich die Änderung zu Gunsten von Karola aus. Denn unverzüglich, also gemäß § 121 BGB ohne schuldhaftes Zögern, hat Karola ihre Klage nicht zurückgenommen, sondern erst zwei Monate nach der Zahlung, die ihr schon längst hätte bekannt sein müssen.

---

c) Kostentragungspflicht nach billigem Ermessen

Gem. § 269 III 3 ZPO hat das Gericht über die Kosten unter Berücksichtigung des bisherigen Sach- und Streitstands nach billigem Ermessen zu entscheiden.

Hinweis: Falls Sie hier nun etwas irritiert sind, dass der Sach- und Streitstand zu berücksichtigen sein soll, obwohl ein Anlasswegfall ohnehin nur vorliegt, wenn die Klage zunächst zulässig und begründet war, sind Sie zu recht irritiert. Der Gesetzgeber hat diese Widersprüchlichkeit wohl übersehen, jedenfalls kommt der Prüfung des Sach- und Streitstands an dieser Stelle keine Bedeutung mehr zu.

Bei der Ausübung des billigen Ermessens ist insbesondere von Bedeutung, ob der Beklagte Anlass zu der Klageeinreichung gegeben hat, er also etwa in Verzug war. Vorliegend war Ben aufgrund der von Karola ausgesprochenen Mahnungen mit der Kaufpreiszahlung in Verzug (§ 286 I 1 BGB) und hatte darüber hinaus noch erklärt, nicht zahlen zu werden, so dass Karola zur

Durchsetzung ihrer Forderung auf die Klageeinreichung angewiesen war.

Nach billigem Ermessen sind die Kosten des Rechtsstreits demnach Ben aufzuerlegen.

3. Ergebnis

Das Gericht wird Karolas Antrag folgen und durch Beschluss aussprechen, dass Ben die Kosten des Rechtsstreits zu tragen hat.

Fall 9: Die Widerklage

Kemal wohnt in Hamburg. Dem in Dresden lebenden Wotan gewährt er ein Darlehen über 4.800 EUR. Trotz mehrfacher Mahnung zahlt Wotan das Darlehen jedoch nicht zurück. Daher verklagt Kemal den Wotan vor dem Amtsgericht Dresden auf Rückzahlung der Darlehenssumme.

Im Termin zur mündlichen Verhandlung erhebt Wotan mündlich zu Protokoll Widerklage gegen Kemal auf Zahlung von 250 EUR, weil dieser ihm nicht den Kaufpreis für die Playstation gezahlt habe, die er, Wotan, ihm vor längerer Zeit verkauft habe.

Das Gericht erteilt Kemal daraufhin einen ordnungsgemäßen Hinweis. Ungeachtet dessen bestreitet Kemal, dass eine solche Forderung existiert und verlangt Klageabweisung. Außerdem hält er die Widerklage für überflüssig: Wenn ein solcher Anspruch tatsächlich existierte, dann bräuchte Wotan ihn nicht zu verklagen, sondern könnte ganz einfach die Aufrechnung erklären.

Ist die von Wotan gegen Kemal erhobene Widerklage zulässig?

I. Allgemeine Zulässigkeitsvoraussetzungen

1. Wirksame Klageeinreichung und Klageerhebung

2. Zuständigkeit des Amtsgerichts Dresden
   a) Sachliche Zuständigkeit
   b) Örtliche Zuständigkeit
      (aa) Allgemeiner Gerichtsstand
      (bb) Besonderer Gerichtsstand des Erfüllungsortes
      (cc) Besonderer Gerichtsstand der Widerklage
      (dd) Zuständigkeit infolge rügeloser Einlassung

3. Rechtsschutzbedürfnis

II. Besondere Zulässigkeitsvoraussetzungen

1. Rechtshängigkeit der Hauptklage
2. Konnexität?

III. Ergebnis

Die von Wotan gegen Kemal erhobene Widerklage ist zulässig, wenn alle allgemeinen und besonderen Zulässigkeitsvoraussetzungen der Widerklage erfüllt sind.

I. Allgemeine Zulässigkeitsvoraussetzungen

Bei der Widerklage handelt es sich um eine selbständige, in ihrem Bestand von der Hauptklage unabhängige Klage. Für sie müssen also die allgemeinen Zulässigkeitsvoraussetzungen jeder Klage vorliegen.

Hinweis: In Abweichung von dem sehr systematischen Aufbau der Zulässigkeitsprüfung, den Sie oben in dem Fall zur Prozess- und Postulationsfähigkeit kennengelernt haben, erfolgt im Folgenden als alternativer (und zeitsparender) Vorschlag eine verkürzte Prüfung, die sich auf die wesentlichen Probleme konzentriert.

1. Wirksame Klageeinreichung und Klageerhebung

Wotan müsste die Widerklage wirksam eingereicht und erhoben haben. Gemäß §§ 253 I, IV, 130 Nr. 6 ZPO ist hierfür erforderlich, dass eine unterschriebene Klageschrift eingereicht und dem Gegner zugestellt wird. Diesen Anforderungen wird die bloß mündliche Erhebung der Widerklage in der mündlichen Verhandlung nicht gerecht. Jedoch ist die Widerklage privilegiert: Aus § 261 II ZPO folgt, dass ein erst im Laufe des Prozesses erhobener Anspruch auch in der mündlichen Verhandlung rechtshängig gemacht werden kann. Wird dies vom Vorsitzenden gestattet, können die Anträge dann auch gem. § 297 I 3 ZPO zu Protokoll erklärt werden. Vorliegend hat der Vorsitzende die Erklärung zu Protokoll gestattet, so dass Wotan die Widerklage wirksam erhoben hat.

2. Zuständigkeit des Amtsgerichts Dresden

Das Amtsgericht Dresden müsste für den Rechtsstreit sachlich und örtlich zuständig sein.

a) Sachliche Zuständigkeit

Die erstinstanzliche sachliche Zuständigkeit in bürgerlichen Rechtsstreitigkeiten richtet sich nach § 1 ZPO in Verbindung mit §§ 71, 23 GVG. Mangels einer streitwertunabhängigen Zuweisung an das Amts- oder Landgericht ist das Amtsgericht nur dann zuständig, wenn der Zuständigkeitsstreitwert 5.000 EUR nicht übersteigt. Die Widerklage hat lediglich einen Wert von 250 EUR, so dass bei isolierter Betrachtung die sachliche Zuständigkeit des Amtsgerichts zu bejahen wäre. Wenn der Klageanspruch in Höhe von 4.800 EUR dem hinzuzurechnen ist, würde sich der Zuständigkeitsstreitwert auf 5.050 EUR belaufen, so dass das Landgericht sachlich zuständig wäre. Allerdings werden gemäß § 5 ZPO zwar mehrere in einer Klage geltend gemachten Ansprüche zusammengerechnet, die Gegenstände von Klage und Widerklage werden jedoch nicht zusammengerechnet. In diesem Fall ist **der höhere Wert maßgeblich**, hier also der Wert der Klage von 4.800 EUR. Da der Zuständigkeitsstreitwert 5.000 EUR nicht übersteigt, ist das Amtsgericht sachlich zuständig.

Hinweis: Was geschieht, wenn **Klage vor dem** hierfür sachlich zuständigen **Amtsgericht**, z.B. auf Zahlung von 3.000 EUR, erhoben wird und der Gegner nun eine Widerklage erhebt, die in die sachliche Zuständigkeit des Landgerichts fällt, z.B. auf Zahlung von 6.000 EUR? Diesen Fall regelt **§ 506 ZPO**: Wenn eine Partei vor weiterer Verhandlung einen entsprechenden Antrag stellt, wird sich das Amtsgericht für unzuständig erklären und den Rechtsstreit an das Landgericht verweisen.

50

> Unproblematisch ist der umgekehrte Fall, dass während eines **Rechtsstreits vor dem** sachlich zuständigen **Landgericht**, z.B. über einen Klagebetrag von 10.000 EUR, eine Widerklage erhoben wird, für die das Amtsgericht sachlich zuständig wäre, z.B. über 3.000 EUR: Auch hierfür ist das Landgericht sachlich zuständig. Dies folgt aus dem in § 33 ZPO zum Ausdruck kommenden Grundsatz der Prozessökonomie bei Widerklagen (hierzu sogleich).

b) Örtliche Zuständigkeit

Das Amtsgericht Dresden müsste für Wotans Widerklage örtlich zuständig sein.

(aa) Allgemeiner Gerichtsstand

Kemal wohnt in Hamburg, hat also in Dresden nicht seinen allgemeinen Gerichtsstand gem. §§ 12, 13 ZPO.

(bb) Besonderer Gerichtsstand des Erfüllungsortes

Ein besonderer Gerichtsstand für Streitigkeiten aus einem Vertragsverhältnis – vorliegend: Kaufvertragsverhältnis – ist gem. § 29 I ZPO dort begründet, wo die streitige Verpflichtung zu erfüllen ist. Der Erfüllungsort ist nach materiellem Recht zu bestimmen, wobei Erfüllungsort der Leistungsort im Sinne der §§ 269, 270 BGB ist, also der Ort, an dem die Leistungshandlung vorzunehmen ist. Erfüllungsort der Verpflichtung zur Kaufpreiszahlung ist, da es sich bei der Verpflichtung zur Kaufpreiszahlung um eine Geldschuld in Form einer qualifizierten Schickschuld gem. § 270 BGB handelt, der Sitz des Schuldners. Der besondere Gerichtsstand des Erfüllungsortes ist demnach in Hamburg begründet, nicht aber in Dresden.

(cc) Besonderer Gerichtsstand der Widerklage

In Dresden könnte jedoch gem. § 33 I ZPO der besondere Gerichtsstand der Widerklage begründet sein. Dies ist jedoch nur dann der Fall, wenn der Gegenanspruch mit dem in der Klage geltend gemachten Anspruch oder mit den gegen ihn vorgebrachten Verteidigungsmitteln in Zusammenhang steht (sog. **Konnexität**). Erforderlich ist ein rechtlicher Zusammenhang, und zwar dergestalt, dass die geltend gemachten Forderungen aus dem gleichen Rechtsverhältnis oder zumindest aus einem einheitlichen, innerlich zusammengehörenden Lebensverhältnis resultieren. Kemal macht einen Anspruch aus einem Darlehensvertrag geltend, Wotan einen Anspruch aus einem Kaufvertrag. Ein Zusammenhang zwischen diesen beiden Ansprüchen ist nicht ersichtlich, es fehlt also an der Konnexität. Der besondere Gerichtsstand der Widerklage ist demnach nicht begründet.

(dd) Zuständigkeit infolge rügeloser Verhandlung

Die Zuständigkeit des Amtsgerichts Dresden könnte jedoch gem. § 39 ZPO dadurch begründet worden sein, dass Kemal, ohne die Unzuständigkeit geltend zu machen, zur Hauptsache **mündlich verhandelte**. Zur Hauptsache mündlich verhandelt hat er bereits dadurch, dass er die Widerklageforderung in Abrede gestellt und (Wider-)Klageabweisung beantragt hat.

Die Zuständigkeit wird jedoch dann nicht durch rügelose Verhandlung begründet, wenn die **Belehrung gem. § 504 ZPO** unterblieben ist. Gem. § 504 ZPO hat das Gericht nämlich den Beklagten gegebenenfalls vor der Verhandlung auf seine sachliche oder örtliche Unzuständigkeit und die Folgen einer rügelosen Einlassung – nämlich die damit einhergehende Begründung eines Gerichtsstands – hinzuweisen. Das Gericht ist seiner Hinweispflicht laut Sachverhalt nachgekommen.

Damit ist durch rügelose Einlassung gem. § 39 ZPO die örtliche Zuständigkeit des Amtsgerichts Dresden begründet worden.

Hinweis: Es sollte offensichtlich sein, warum das Gesetz lediglich für Verfahren vor den Amtsgerichten in § 504 ZPO eine Hinweispflicht bei sachlicher oder örtlicher Unzuständigkeit normiert. Falls nicht: Werfen Sie nochmal einen Blick in die §§ 78, 79 ZPO.

3. Rechtsschutzbedürfnis

Wotan müsste ein Rechtsschutzbedürfnis für die Erhebung der Widerklage haben.

Ein Rechtsschutzbedürfnis besteht, wenn der (Wider-) Kläger ein berechtigtes Interesse daran hat, zur Durchsetzung seiner Rechte die Hilfe der Gerichte in Anspruch zu nehmen. Im Falle von Zahlungsansprüchen bedarf der Gläubiger zu ihrer zwangsweisen Durchsetzung regelmäßig eines Vollstreckungstitels, den er nur in einem zivilgerichtlichen Verfahren erlangen kann (s. § 704 ZPO). Deshalb besteht regelmäßig auch ein Rechtsschutzbedürfnis. An einem Rechtsschutzbedürfnis fehlt es aber etwa dann, wenn dem Kläger eine einfachere, billigere und qualitativ gleichwertige Möglichkeit zu Gebote steht, seinen Anspruch durchzusetzen.

Vorliegend könnte die Erklärung der Aufrechnung durch Wotan eine solche Möglichkeit sein. Bejaht nämlich das Gericht die Hauptforderung des Kemal, so wird es auch die Gegenforderung des Wotan prüfen und hierüber entscheiden. Diese Entscheidung über die Gegenforderung ist dann auch gem. **§ 322 II ZPO** der Rechtskraft fähig.

Kommt das Gericht jedoch zu dem Ergebnis, dass die Hauptforderung (hier: Darlehensrückzahlungsforderung) nicht besteht, so wird es die Gegenforderung (hier: Kaufpreisforderung) nicht mehr prüfen. Wotan müsste dann eine neue Klage anstrengen, um einen **Vollstreckungstitel** zu erlangen. Über die im Wege der Widerklage geltend gemachte Gegenforderung muss das Gericht aber in jedem Fall entscheiden. Zudem besteht die Gefahr, dass eine im Prozess erklärte Aufrechnung gem. § 296 ZPO als verspätet zurückgewiesen wird (sog. **Präklusion**), also bei der Entscheidung über die Hauptforderung keine Berücksichtigung findet.

Daher mag es einfacher sein, die Aufrechnung zu erklären anstatt eine Widerklage zu erheben, jedoch ist die Aufrechnung der Widerklage nicht qualitativ gleichwertig. Damit besteht ein Rechtsschutzbedürfnis für die Erhebung der Widerklage.

> **Hinweis:** Bei einer Leistungsklage wird das **Rechtsschutz-bedürfnis nur selten problematisch** sein. Nur wenn es ausnahmsweise einmal problematisch ist, sollten Sie das Rechtsschutzbedürfnis in der Klausur überhaupt prüfen.

II. Besondere Zulässigkeitsvoraussetzungen

Zudem müssten die besonderen Zulässigkeitsvoraussetzungen der Widerklage vorliegen.

1. Rechtshängigkeit der Hauptklage

Die Erhebung der Widerklage setzt die Rechtshängigkeit der Hauptklage voraus. Anhaltspunkte dafür, dass die Klage zum Zeitpunkt der Erhebung der Widerklage nicht (mehr) rechtshängig war, lassen sich dem Sachverhalt nicht entnehmen.

2. Konnexität?

Nach heute wohl herrschender Auffassung ist das in § 33 ZPO normierte Konnexitätserfordernis lediglich Voraussetzung für die Begründung des besonderen Gerichtsstands der Widerklage, jedoch **keine Zulässigkeitsvoraussetzung der Widerklage.** Hierfür spricht neben dem Wortlaut des § 33 I ZPO („kann eine Widerklage erhoben werden" anstatt „kann eine Widerklage *nur* erhoben werden") die Systematik, nämlich die Stellung des § 33 ZPO in den Vorschriften über den Gerichtsstand sowie die sonst überflüssig erscheinende Vorschrift des § 145 II ZPO.

Selbst wenn man davon ausginge, dass jede Widerklage der Konnexität bedarf, wäre jedoch zu beachten, dass ein entsprechender Mangel nach **§ 295 I ZPO** durch rügelose Einlassung geheilt werden kann. Vorliegend hat Kemal trotz entsprechenden Hinweises des Gerichts keine Rüge erhoben, so dass der Mangel der Konnexität jedenfalls nicht mehr gerügt werden kann.

III. Ergebnis

Die von Wotan erhobene Widerklage ist zulässig.

Hinweis: Der Widerkläger wird in mehrfacher Hinsicht privilegiert, was die Widerklage so attraktiv macht:

- Sie begründet bei Konnexität einen **besonderen Gerichtsstand** (§ 33 ZPO).

- Es besteht die Möglichkeit der Klageerhebung durch **Geltendmachung in der mündlichen Verhandlung** (§§ 261 II, 297 I ZPO).

- Der Widerkläger muss **keinen Gerichtskostenvorschuss** einzahlen (§ 12 I, II Nr. 1 GKG).

- Die Widerklage ist kein Angriffs- oder Verteidigungsmittel, sondern ein eigener Angriff und kann daher **nicht** als **verspätet** zurückgewiesen werden (§ 296 ZPO).

III. Das Versäumnisverfahren

Fall 10: Versäumnisurteil gegen den Beklagten

Katharina hat gegen die in Bremen lebende Badia einen Anspruch auf Schadensersatz in Höhe von 2.000 EUR, weil diese ihr Auto beschädigt hat. Zahlungsaufforderungen lässt Badia unbeantwortet. Katharina entschließt sich daher, eine Zahlungsklage beim Amtsgericht Bremen einzureichen. Nach Eingang der Klage beraumt das Gericht einen frühen ersten Termin für Dienstag, den 3. Mai an und verfügt die Ladungen sowie die Zustellung der Klage an Badia. Klageschrift und Ladung werden Badia am Samstag, den 15. April zugestellt.

Noch vor dem Termin schreibt Badia an das Gericht, dass sie die 2.000 EUR doch bereits an Katharina gezahlt habe. Da sie aber auf keinen Fall auf Katharina treffen möchte, bleibt sie dem Gerichtstermin am 3. Mai fern. Bei Aufruf der Sache betreten daher nur Katharina und ihr Rechtsanwalt den Sitzungssaal, für Badia erscheint niemand. Nachdem der Richter 15 Minuten abgewartet hat, ruft er erneut auf. Auch jetzt erscheint auf Beklagtenseite niemand. Der Rechtsanwalt von Katharina erklärt daraufhin, dass das eine „kurze Veranstaltung" werde und stellt den Zahlungsantrag aus der Klageschrift.

Wie wird das Gericht entscheiden?

1. **Antrag auf Erlass eines Versäumnisurteils**

2. **Säumnis der Beklagten**
   a) Nichterscheinen
   b) Keine Erlasshindernisse gem. §§ 335, 337 ZPO

3. **Zulässigkeit der Klage**

4. **Schlüssigkeit der Klage**

5. **Ergebnis**

Das Gericht wird ein Versäumnisurteil gegen Badia erlassen, wenn (1.) ein entsprechender Antrag gestellt, (2.) Badia säumig und die Klage (3.) zulässig und (4.) schlüssig ist.

1. Antrag auf Erlass eines Versäumnisurteils

Aus § 331 I 1 ZPO folgt, dass der Erlass eines Versäumnisurteils gegen die Beklagte einen entsprechenden Antrag der Klägerin voraussetzt. Hierbei handelt es sich um einen von dem Sachantrag zu unterscheidenden **Prozessantrag**.

Hinweis: Der **Sachantrag** könnte etwa lauten

„Ich beantrage, die Beklagte zur Zahlung von 2.000 EUR an die Klägerin zu verurteilen."

oder – wie in § 297 II ZPO vorgesehen und in der Praxis üblich –

„Ich stelle den Antrag aus der Klageschrift vom 5. April 2018."

Der **Prozessantrag** auf Erlass eines Versäumnisurteils könnte etwa lauten:

„Ich beantrage den Erlass eines Versäumnisurteils."

Der Rechtsanwalt von Katharina hat zwar nur den Sachantrag, nicht aber den Prozessantrag auf Erlass eines Versäumnisurteils ausdrücklich gestellt. Dieser Antrag kann jedoch auch durch schlüssiges Verhalten gestellt werden. Wie Willenserklärungen sind auch Sach- und Prozessanträge der Auslegung fähig. Stellt die Partei einen Sachantrag, so ist davon auszugehen, dass sie den Erfolg ihres Sachantrags auf jedem verfahrensrechtlich möglichen Weg wünscht, so dass dem Sachantrag also stillschweigend der Prozessantrag auf Erlass eines Versäumnisurteils entnommen werden kann. Vorliegend kommt noch hinzu, dass der Rechtsanwalt erklärte, dass es sich um eine „kurze Veranstaltung" handeln werde. Auch dies lässt auf seinen Willen schließen, ein Versäumnisurteil zu beantragen.

Somit wurde der erforderliche Prozessantrag auf Erlass eines Versäumnisurteils gestellt.

2. Säumnis der Beklagten

a) Nichterscheinen

Der Erlass eines Versäumnisurteils setzt weiter gem. § 331 I 1 ZPO voraus, dass der Beklagte zum Termin zur mündlichen Verhandlung nicht erschienen ist. Bei dem anberaumten Termin handelte es sich um einen Verhandlungstermin, nicht etwa nur um eine Güteverhandlung. Nicht erschienen ist eine Partei, wenn weder sie selbst noch ein entsprechend Bevollmächtigter bei Aufruf der Sache und in den folgenden 15 Minuten auftritt. Vorliegend ist Badia dem Termin ferngeblieben, ein Bevollmächtigter trat nicht auf. Somit ist sie zu dem Termin nicht erschienen.

Hinweis: Dies ist der klassische Fall: Der Beklagte erscheint nicht. Ein Säumnis kann aber auch dann vorliegen, wenn die beklagte Partei erscheint, nämlich in folgenden Fällen:

- Es handelt sich gem. § 78 I 1 ZPO um einen Anwaltsprozess, die Partei ist jedoch nicht durch einen Rechtsanwalt vertreten, so dass ein **Mangel der Postulationsfähigkeit** vorliegt.

- Der Rechtsanwalt oder die (postulationsfähige) Partei sind zwar anwesend, **verhandeln** jedoch **nicht** zur Sache, s. § 333 ZPO. Hierzu kommt es insbesondere dann, wenn das Gericht darauf hinweist, dass die Verteidigung gegen die Klage derzeit keine Aussicht auf Erfolg hat und eine Nachbesserung der Verteidigung nicht sofort möglich ist oder vom Gericht als verspätet zurückgewiesen werden würde. Indem die beklagte Partei hier ein Versäumnisurteil kassiert, hält sie sich die Möglichkeit offen, die Verteidigung im Rahmen des Einspruchsverfahrens (hierzu sogleich) nachzubessern (sog. **Flucht in die Säumnis**). Würde die beklagte Partei stattdessen Klageabweisung beantragen, könnte das Gericht ein Endurteil, also ein die Instanz abschließendes Urteil erlassen und die beklagte Partei wäre darauf angewiesen, Berufung einzulegen – wo die Verteidigung dann aber ebenfalls als verspätet zurückgewiesen werden könnte.

Schließlich sieht das Gesetz in § 331 III ZPO zum Zwecke der Verfahrensbeschleunigung die Möglichkeit vor, bereits im schriftlichen Vorverfahren ein Versäumnisurteil zu erlassen, wenn die beklagte Partei nicht ihre Verteidigungsbereitschaft anzeigt.

b) Keine Erlasshindernisse, §§ 335, 337 ZPO

Der Antrag auf Erlass eines Versäumnisurteils dürfte nicht gem. § 335 ZPO zurückzuweisen sein. In Betracht kommt vorliegend als Zurückweisungsgrund allein der – auch in der Praxis wichtigste – Fall des § 335 I Nr. 2 ZPO, dass also Badia nicht ordnungsgemäß, insbesondere nicht rechtzeitig geladen war.

Die **Ladungsfrist**, also die Frist, die zwischen der Zustellung der Ladung und dem Terminstag liegt, soll gem. § 217 ZPO in Anwaltsprozessen mindestens eine Woche und in anderen Prozessen mindestens drei Tage betragen. Vorliegend handelt es sich nicht um einen Anwaltsprozess, § 78 I 1 ZPO, so dass eine Ladungsfrist von nur drei Tagen ausreichend war. Diese wurde auch unproblematisch eingehalten.

Allerdings hat das Gericht hier nach Eingang der Klage gem. § 272 II ZPO einen **frühen ersten Termin** zur mündlichen Verhandlung bestimmt. In diesem Fall hat gem. § 274 III 1 ZPO zwischen der Zustellung der Klageschrift und dem Termin zur mündlichen Verhandlung ein Zeitraum von mindestens zwei Wochen zu liegen (sog. **Einlassungsfrist**).

Die Ladung wurde Badia am Samstag, den 15. April zugestellt. Die Einlassungsfrist begann demnach gem. § 222 I ZPO i.V.m. § 187 I BGB am 16. April zu laufen. Dass es sich hierbei um einen Sonntag handelte, ist unerheblich. Nur für das Fristende ist gem. § 222 II ZPO von Bedeutung, ob dieses auf einen Samstag, Sonntag oder allgemeinen Feiertag fällt. Die Frist endete gem. § 222 I ZPO i.V.m. § 188 II BGB am Samstag, den 29. April, wegen § 222 II ZPO dann allerdings erst am 2. Mai. Da der Termin aber erst am 3. Mai stattfand, wurde die Einlassungsfrist eingehalten.

Hinweis: Wenn Sie sich bislang nicht mit **Fristberechnungen** befasst haben, ist jetzt der Zeitpunkt gekommen, dies zu tun. Dies ist nicht nur für Ihre spätere praktische Arbeit als Jurist oder Juristin von ganz erheblicher Bedeutung – und zwar unabhängig davon, in welchem Rechtsgebiet Sie arbeiten werden –, sondern auch für die Examensprüfungen.

Im Übrigen wurde Badia die Terminsladung laut Sachverhalt auch – wie von § 329 II 2 ZPO gefordert – zugestellt.

Damit war Badia **ordnungsgemäß geladen**, der Antrag auf Erlass eines Versäumnisurteils also nicht gem. § 335 I Nr. 2 ZPO zurückzuweisen.

Ein Versäumnisurteil darf schließlich auch dann nicht ergehen, wenn ein Vertagungsgrund gem. § 337 ZPO vorliegt. Ein solcher ist jedoch nicht ersichtlich. Insbesondere war Badia nicht ohne ihr Verschulden – wie etwa im Falle der Verhandlungsunfähigkeit infolge schwerer Erkrankung – am Erscheinen verhindert, sondern ist aus eigenem Entschluss nicht erschienen.

3. Zulässigkeit der Klage

Das Versäumnisurteil ist ein echtes Sachurteil, also im Unterschied zu einem Prozessurteil ein Urteil, durch das über den Streitgegenstand entschieden wird. Voraussetzung ist deshalb – wie bei jedem Sachurteil – die Zulässigkeit der Klage.

Aufgrund des sich nach der Hauptklageforderung bestimmenden Zuständigkeitsstreitwerts von 2.000 EUR ist das Amtsgericht gem. § 1 ZPO, §§ 71, 23 Nr. 1 GVG sachlich zuständig. Zudem wohnt Badia in Bremen, so dass bei dem Amtsgericht Bremen Badias allgemeiner Gerichtsstand gem. §§ 12, 13 ZPO begründet, dieses also auch örtlich zuständig ist. Ob in Bremen auch der Begehungsort der unerlaubten Handlung gem. § 32 ZPO zu verorten ist, kann dem Sachverhalt nicht entnommen werden.

60

Anhaltspunkte dafür, dass eine der übrigen Zulässigkeitsvoraussetzungen nicht gegeben ist, sind nicht ersichtlich. Die Klage ist damit zulässig.

4. Schlüssigkeit der Klage

Schließlich müsste Katharinas Klage schlüssig sein, was aus § 331 I 1 und II ZPO folgt. Hiernach ist nämlich nach dem Klageantrag zu erkennen – diesem also stattzugeben –, soweit das Vorbringen des Klägers den Klageantrag rechtfertigt. Dabei arbeitet das Gesetz mit einer Fiktion: Es wird das Geständnis des Beklagten fingiert, dass alles, was der Kläger vorträgt, wahr ist. Es ist also ohne Bedeutung, ob der Beklagte etwa vor dem Termin schriftsätzlich den Vortrag des Klägers bestritten hat. Deswegen ist keine Begründetheitsprüfung vorzunehmen, also eine Prüfung unter Berücksichtigung sowohl des Kläger- wie auch des Beklagtenvorbringens, sondern bloß eine **Schlüssigkeitsprüfung**, also eine Subsumtion allein des klägerischen Vorbringens unter die anwendbaren Rechtsnormen.

Unter Zugrundelegung von Katharinas Vortrag hat Badia eine Sachbeschädigung begangen, haftet also gem. § 823 I BGB auf Schadensersatz in Höhe von 2.000 EUR. Badias Vortrag, dass sie die 2.000 EUR bereits an Katharina gezahlt hat, bleibt unberücksichtigt. Damit ist die Klage schlüssig.

Hinweis: Vermeiden Sie bei der Prüfung eines Versäumnisurteils unbedingt den sachlich unzutreffenden Begriff der Begründetheit. Ausreichend ist die **Schlüssigkeit des klägerischen Vorbringens**.

Sie sehen, dass das Versäumnisurteil eine schöne prozessuale Einkleidung für eine materiellrechtliche Prüfung ist. Diese prozessuale Einkleidung sollten Sie unbedingt beherrschen!

---

5. Ergebnis

Das Gericht wird ein Versäumnisurteil erlassen und darin Badia zur Zahlung von 2.000 EUR an Katharina verurteilen.

Hinweis zur Terminologie: Gegenstand dieses Falles war ein Versäumnisurteil, das auch als **erstes Versäumnisurteil** und **echtes Versäumnisurteil** bezeichnet werden kann. Warum?

Die Bezeichnung „erstes Versäumnisurteil" grenzt es ab vom sog. **zweiten Versäumnisurteil.** Dieses ergeht, wenn gegen den Säumigen ein Versäumnisurteil ergeht und der Säumige Einspruch einlegt, in dem Einspruchstermin aber wiederum nicht erscheint, s. § 345 ZPO.

Der Begriff „echtes Versäumnisurteil" bezeichnet ein Versäumnisurteil, das gegen die säumige Partei aufgrund ihrer Säumnis ergeht. Als **unechtes Versäumnisurteil** wird dagegen ein Urteil bezeichnet, das entweder gegen die nichtsäumige Partei ergeht (z.B. gegen den erschienenen Kläger, weil die Klage eben nicht zulässig oder schlüssig ist) oder das zwar gegen die säumige Partei ergeht, aber nicht aufgrund ihrer Säumnis (Bsp.: Der Kläger ist säumig, die Klage wird jedoch nicht wegen der Säumnis gem. § 330 ZPO, sondern als unzulässig abgewiesen). Beachten Sie, dass die Bezeichnung „unechtes Versäumnisurteil" irreführend ist: Es handelt sich gerade nicht um ein Versäumnisurteil im Sinne des Gesetzes.

Fall 11: Einspruch gegen das Versäumnisurteil

Fortführung des vorherigen Falls: Am Mittwoch, den 10. Mai wird Badia das Versäumnisurteil des Amtsgerichts Bremen zugestellt. Mit ihrer Verurteilung ist sie jedoch nicht einverstanden. Deshalb spricht sie am 20. Mai beim Amtsgericht Bremen vor und erklärt zu Protokoll der Geschäftsstelle ohne weitere Begründung, dass sie Einspruch gegen das Versäumnisurteil vom 3. Mai einlege. Katharina erklärt schriftsätzlich, von Badia keine Zahlungen erhalten zu haben, insbesondere keine 2.000 EUR. Badia kommen nun Zweifel, ob der Einspruch eine gute Idee ist. Sie wendet sich an einen Rechtsanwalt und fragt ihn, ob der Einspruch Aussicht auf Erfolg hat. Auf Nachfrage äußert sie, dass sie keinerlei Beweismittel für die Zahlung der 2.000 EUR zur Hand habe.

Was wird der Rechtsanwalt ihr antworten?

Der Einspruch wird dann Erfolg haben, wenn er zulässig und die Klage unzulässig oder unbegründet ist.

1. Zulässigkeit des Einspruchs

Der Einspruch müsste zunächst zulässig sein. Dies ist zu bejahen, wenn er statthaft ist und form- und fristgerecht eingelegt wurde.

a) Statthaftigkeit

Gemäß § 338 ZPO steht der Partei, gegen die ein Versäumnisurteil (gemeint ist: ein erstes, echtes Versäumnisurteil) erlassen ist, der Einspruch zu. Das Amtsgericht Bremen hat gegen Badia ein (erstes, echtes) Versäumnisurteil erlassen (s. vorherigen Fall). Somit ist der Einspruch statthaft.

Hinweis: Der Erlass eines Versäumnisurteils gegen die beklagte Partei (nur etwa 1 % aller Versäumnisurteile ergehen gegen die klägerische Partei) setzt lediglich die Schlüssigkeit, nicht die Begründetheit der Klage voraus. Allein auf Grund der

Schlüssigkeit der Klage und der Säumnis des Beklagten (u.U. Verspätung um 16 Minuten) wird ein Vollstreckungstitel geschaffen, obwohl die Klage möglicherweise unbegründet ist. Deshalb sieht das Gesetz als besonderen – und einzigen – Rechtsbehelf gegen ein Versäumnisurteil den Einspruch vor. Der Einspruch hat zur Folge, dass das Versäumnisurteil nicht formell und damit auch nicht materiell rechtskräftig wird, er hat also **Suspensiveffekt.** Er begründet jedoch nicht die Entscheidungszuständigkeit des nächsthöheren Gerichts, hat also **keinen Devolutiveffekt.** Deshalb handelt es sich nicht um ein Rechtsmittel, sondern lediglich um einen Rechtsbehelf.

Für die Statthaftigkeit des Einspruchs ist es ohne Belang, ob das Versäumnisurteil zu Recht ergangen ist. Entscheidend ist lediglich, ob ein Versäumnisurteil ergangen ist. Der Einspruch dient nicht der Kontrolle des Versäumnisurteils, sondern lediglich der **Beseitigung der Säumnis.**

b) Frist

Die zweiwöchige Einspruchsfrist gemäß § 339 ZPO müsste eingehalten worden sein, wobei die Einspruchsfrist mit der Zustellung des Versäumnisurteils beginnt. Das Versäumnisurteil wurde Badia am 10. Mai zugestellt, so dass die Einspruchsfrist demnach gem. § 222 I ZPO i.V.m. § 188 I BGB am 24. Mai endete. Am 20. Mai erschien Badia bei Gericht und legte Einspruch ein. Die Einspruchsfrist wurde damit gewahrt.

Hinweis zu beliebten Prüfungsfragen:

1) Was ist eine **Notfrist**? Notfristen sind nur solche, die im Gesetz ausdrücklich so bezeichnet sind. Sie sind nicht abänderbar, können also insbesondere nicht durch das Gericht verlängert werden (s. § 224 I ZPO).

2) Ist eine **Belehrung** über die Möglichkeit des Einspruchs erforderlich und was ist die Folge, wenn eine solche Belehrung unterlassen wurde? Eine Belehrung über die Möglichkeit des Einspruchs ist gem. § 232 S. 1 ZPO zwingend erforderlich, und zwar gem. § 232 S. 2 ZPO auch in Anwaltsprozessen, also

64

insbesondere landgerichtlichen Verfahren. Unterbleibt die Belehrung, führt dies nicht etwa dazu, dass die Einspruchsfrist nicht zu laufen beginnt. Jedoch hat ein Antrag auf Wiedereinsetzung in den vorigen Stand gesteigerte Erfolgsaussichten, da gem. § 233 S. 2 ZPO das Fehlen des Verschuldens für die Einhaltung der Notfrist vermutet wird.

c) Form

Gem. § 340 I ZPO wird der Einspruch durch Einreichung der Einspruchsschrift bei dem Prozessgericht eingelegt. Der Einspruch wurde beim Prozessgericht – nämlich beim Amtsgericht Bremen – eingelegt. Eine **Einspruchsschrift**, die zudem als bestimmender Schriftsatz ihre Unterschrift zu tragen hätte (s. § 130 Nr. 6 ZPO), hat Badia jedoch nicht eingereicht, sondern den Einspruch zu Protokoll der Geschäftsstelle erklärt.

Hinweis: Für die Frage der Schriftlichkeit von Rechtsmitteln und Rechtsbehelfen kann auf die Ausführungen zur Klageschrift (s. Fall zur Klageerhebung) verwiesen werden. Insbesondere können auch Rechtsmittel und Rechtsbehelfe (wie der Einspruch) mittels Fax eingelegt werden.

Dies ist jedoch ausreichend: In **Verfahren vor den Amtsgerichten** können Erklärungen, die zugestellt werden sollen, gem. **§ 496 ZPO** auch mündlich zu Protokoll der Geschäftsstelle angebracht werden. Die Einspruchsschrift ist gem. § 340a S. 1 ZPO der Gegenpartei zuzustellen. Somit konnte Badia den Einspruch auch zu Protokoll der Geschäftsstelle einlegen.

Die protokollierte Erklärung von Badia erfüllt auch die Voraussetzungen § 340 II ZPO.

§ 340 III ZPO fordert schließlich, dass in der Einspruchsschrift Angriffs- und Verteidigungsmittel sowie etwaige Rügen vorgebracht werden. Badias Erklärung zu Protokoll der Geschäftsstelle enthielt demgegenüber keinerlei Begründung. Bei § 340 III ZPO handelt es sich jedoch um **keine Zulässigkeitsvoraussetzung** des Einspruchs, sondern um eine Konkretisierung der Prozessförderungspflicht. Ein Verstoß kann also lediglich zur Präklusion wegen Verspätung gem. § 296 ZPO führen (s. § 340 III 3 ZPO).

d) Zwischenergebnis

Der von Badia eingelegte Einspruch ist somit zulässig.

Hinweis zum weiteren Verfahrensablauf:

Ist der **Einspruch unzulässig**, wird das Gericht ihn gem. § 341 I 2 ZPO als unzulässig verwerfen, und zwar regelmäßig ohne mündliche Verhandlung.

Ist dagegen der **Einspruch zulässig**, wird hierdurch gem. § 342 ZPO der Prozess in die Lage zurückversetzt, in der er sich vor Eintritt der Versäumnis befand, sog. **Restitutionswirkung**. Dies bedeutet aber nicht, dass hierdurch das Versäumnisurteil unwirksam wird, sondern lediglich, dass das Gericht nun einen weiteren Anlauf nimmt, über die Begründetheit der Klage zu entscheiden. Deshalb hat es gem. § 341a ZPO Termin zur mündlichen Verhandlung über den Einspruch und die Hauptsache anzuberaumen. Dabei kann auf die Prüfung von Zulässigkeit und Schlüssigkeit der Klage nicht verzichtet werden, zumal das Versäumnisurteil auch zu Unrecht ergangen sein könnte. Und deshalb wird der Einspruch nur Erfolg haben, wenn die Klage unzulässig oder unbegründet ist.

Wenn man es genau nimmt, wären also nun die Unzulässigkeit und die Unbegründetheit der Klage zu prüfen. Üblicherweise werden jedoch die auch hier gewählten Überschriften verwendet (die sich auch leichter memorieren lassen).

---

2. Zulässigkeit der Klage

Die Klage ist zulässig (s. vorhergehender Fall).

3. Begründetheit der Klage

Der Einspruch wird Erfolg haben, wenn die Klage unbegründet ist.

In der Person von Katharina ist ein Anspruch auf Zahlung von 2.000 EUR gegen Badia aus § 823 I BGB entstanden. Dieser könnte jedoch gem. § 362 I BGB aufgrund der Zahlung der Badia erloschen sein. Da Katharina eine Zahlung bestritten hat und Beweismittel nicht vorhanden sind, stellt sich die Frage, welcher der Parteien dies zum Nachteil gereicht, welche also die Beweislast trägt: Katharina dafür, dass keine Zahlung erfolgt ist, oder Badia dafür, dass sie an Katharina gezahlt hat?

Die **allgemeine Beweislastregel** lautet: Jede Partei trägt die Beweislast für die Voraussetzungen der ihr günstigen Norm. Badia beruft sich hier auf den ihr günstigen Erfüllungseinwand gem. § 362 I BGB, so dass sie die Beweislast für die Voraussetzungen trägt. Kann sie nicht beweisen, dass sie an Katharina 2.000 EUR zur Erfüllung ihrer Verbindlichkeit gezahlt hat, gereicht ihr diese Ungewissheit zum Nachteil. Das Gericht wird seiner Entscheidung zugrunde legen, dass keine Zahlung erfolgt ist.

Damit ist die Klage auch begründet.

4. Ergebnis

Zwar ist der Einspruch zulässig, die Klage jedoch zulässig und begründet. Der Rechtsanwalt wird Badia also antworten, dass der Einspruch keine Aussicht auf Erfolg hat.

Hinweis: Sprechen und schreiben Sie niemals von der Begründetheit des Einspruchs. Der Einspruch kann **nur zulässig** sein mit der Folge der Restitution.

Wie Sie sehen, lässt sich also jede materiellrechtliche Prüfung wunderbar in eine Einspruchsprüfung einbetten. Dies ist der Grund, warum dies ein so **beliebter Klausurtyp** ist. Der Klausuraufbau ist dabei, einmal verstanden, sehr leicht: Prüfen Sie zunächst die Zulässigkeit des Einspruchs anhand der §§ 338 ff ZPO und dann – aufgrund der Restitutionswirkung des Einspruchs – die Zulässigkeit und Begründetheit der Klage.

IV. Zwangsvollstreckungsrecht

Fall 12: Pfändung beweglicher Sachen

Der frisch graduierte Musiklehrer Arno möchte mit der Erteilung von Tubaunterricht beginnen und schafft sich zu diesem Zweck eine hochwertige Tuba im Wert von 40.000 EUR an. Zur Bestreitung des Kaufpreises der Tuba und um weitere Einrichtungsgegenstände anzuschaffen, nimmt er bei seiner Bank ein Darlehen über 50.000 EUR auf und übereignet der Bank die Tuba zur Sicherheit. Nachdem Arno mit der Zahlung der Darlehenszinsen in Verzug gekommen ist, stellt die Bank den gesamten Darlehensbetrag fällig und erwirkt ein Urteil gegen Arno auf Zahlung von 50.000 EUR. Nachdem das Urteil rechtskräftig geworden ist, pfändet der Gerichtsvollzieher, von Arno eingelassen, in dessen Wohnung folgende Gegenstände:

1) eine hochwertige Sammlung alter Comics, die Arno von einem Freund ausgeliehen hat,

2) die Tuba,

3) einen wertvollen OLED-Fernseher als einzig vorhandenes Fernsehgerät.

Sind die von dem Gerichtsvollzieher vorgenommenen Pfändungen rechtmäßig erfolgt?

I. Durchsuchen der Wohnung

II. Pfändung der Comics

1. Gewahrsam gemäß § 808 I ZPO
2. Evidentes Dritteigentum
3. Pfändungsverbote des § 811 I Nr. 1 ZPO
4. Ergebnis

III. Pfändung der Tuba

1. Gewahrsam und evidentes Dritteigentum
2. Verbot der Überpfändung gemäß § 803 I 2 ZPO
3. Pfändungsverbot gemäß § 811 I Nr. 5 ZPO, Sicherungseigentum
4. Ergebnis

IV. Pfändung des OLED-Fernsehers

1. Pfändungsverbot gemäß § 811 I Nr. 1 ZPO, Austauschpfändung
2. Ergebnis

Einführender Hinweis: Gefragt ist hier nicht nach der prozessualen Vorgehensweise. Die Prüfung der Zulässigkeit eines Rechtsbehelfs erübrigt sich daher. Das folgende Gutachten ist inhaltlich identisch mit dem Kernteil der Begründetheitsprüfung einer Erinnerung nach § 766 ZPO.

Mangels entsprechender Anhaltspunkte erübrigt sich hier die Prüfung sämtlicher Voraussetzungen der Zwangsvollstreckung. Gedanklich müssen Sie aber immer das folgende Schema durchgehen:

1. **Allgemeine Verfahrensvoraussetzungen**, insb. Antrag des Zwangsvollstreckungsgläubigers (vorliegend der Bank), Handeln des zuständigen Vollstreckungsorgans (vorliegend des Gerichtsvollziehers)

2. **Allgemeine Zwangsvollstreckungsvoraussetzungen**: Titel (§§ 704, 794 ZPO), Klausel (§§ 724 ff ZPO), Zustellung (§ 750 ZPO)

3. **Besondere Zwangsvollstreckungsvoraussetzungen** (insb. §§ 751, 756, 765 ZPO)

4. **Ordnungsgemäße Durchführung der ZV**

Im vorliegenden Fall ist nur die ordnungsgemäße Durchführung der Zwangsvollstreckung von Interesse. Hierbei ist in einem ersten gedanklichen Schritt die Frage zu beantworten, wegen was (Geldforderung, Anspruch auf Herausgabe, Handlung oder Unterlassung) und in was (körperliche Sache, Forderung, Vermögensrecht, unbewegliche Sache) vollstreckt werden soll. Ein Blick in die übersichtliche **Gliederung des 8. Buches der ZPO** führt dann schnell zu den richtigen Vorschriften.

Die von dem Gerichtsvollzieher vorgenommenen Pfändungen sind rechtmäßig erfolgt, wenn die für die Pfändung wegen Geldforderungen in das bewegliche Vermögen geltenden Vorschriften beachtet wurden.

I. Durchsuchen der Wohnung

Gemäß § 758a I 1 ZPO darf die Wohnung des Schuldners ohne dessen Einwilligung nur auf Grund einer Anordnung des Richters bei dem Amtsgericht, in dessen Bezirk die Durchsuchung erfolgen soll, durchsucht werden. Durchsuchen ist das ziel- und zweckgerichtete Suchen, um Gegenstände aufzuspüren, die der Inhaber von sich aus nicht offenlegen oder herausgeben will. Es ist davon auszugehen, dass der Gerichtsvollzieher die Wohnung des Arno nicht nur betreten, sondern auch entsprechende Suchhandlungen vorgenommen hat. Allerdings hat Arno den Gerichtsvollzieher selbst in die Wohnung eingelassen, so dass die Durchsuchung mit seiner Einwilligung erfolgte. Einer richterlichen Anordnung bedurfte es somit nicht.

II. Pfändung der Comics

1. Gewahrsam

Der Pfändung durch den Gerichtsvollzieher unterliegen unter anderem körperliche Sachen, die sich im Gewahrsam des Schuldners befinden, § 808 I ZPO. Gewahrsam ist die von einem Herrschaftswillen getragene tatsächliche Sachherrschaft über eine Sache. Eine solche übte Arno über die Comicsammlung, die sich in seiner Wohnung befand, aus.

70

2. Evidentes Dritteigentum

Ob an den im Gewahrsam des Schuldners befindlichen Sachen Dritteigentum besteht, ist grundsätzlich irrelevant, da der Gerichtsvollzieher nicht in der Lage ist, im Rahmen der Pfändung die Eigentumslage zu überprüfen. Dies ist Ausdruck des **Grundsatzes der Formalisierung der Zwangsvollstreckung.** Eine Ausnahme gilt nur dann, wenn es sich um **evidentes Dritteigentum** handelt, die Sache also offensichtlich nicht im Eigentum des Schuldners steht. Hinsichtlich der Comics fehlte es insofern aber an jeglichen Anhaltspunkten.

Hinweis: Hierzu unbedingt § 71 GVGA lesen!

3. Pfändungsverbote des § 811 I Nr. 1 ZPO

Die Pfändung der Comicsammlung könnte gegen das aus § 811 I Nr. 1 ZPO folgende Pfändungsverbot verstoßen. Voraussetzung ist, dass es sich um einen dem persönlichen Gebrauch dienenden Gegenstand handelt, dessen der Schuldner zu einer angemessenen, bescheidenen Lebensführung bedarf. Eine hochwertige Comicsammlung ist jedoch für eine angemessene, bescheidene Lebensführung nicht erforderlich, zumal es sich hierbei auch um eine Kapitalanlage handeln dürfte.

4. Ergebnis

Der Gerichtsvollzieher hat die Comicsammlung damit in **rechtmäßiger** Art und Weise gepfändet.

Hinweis: Der Freund des Arno kann sein Eigentum an der Comicsammlung nur im Wege einer Drittwiderspruchsklage nach § 771 ZPO geltend machen. Im Rahmen dieser Klage kann dann die Eigentumslage mit allen zur Verfügung stehenden zivilprozessualen Mitteln geklärt werden.

II. Pfändung der Tuba

1. Gewahrsam und evidentes Dritteigentum

Die Pfändung der Tuba könnte unrechtmäßig erfolgt sein, da sich die Tuba zwar im Gewahrsam des Arno gemäß § 808 I ZPO befand, an ihr aber möglicherweise evidentes Dritteigentum der Bank bestand, das von dem Gerichtsvollzieher zu beachten war.

Es liegen keine Anhaltspunkte dafür vor, dass das Dritteigentum für den Gerichtsvollzieher offensichtlich war. Aber selbst, wenn das Dritteigentum offensichtlich gewesen wäre, so wäre die Pfändung dennoch rechtmäßig erfolgt. Denn der Gläubiger darf auch eine in seinem Eigentum stehende, sich aber im Gewahrsam des Schuldners befindliche Sache pfänden lassen. Insoweit hat der Gläubiger die **Wahl**, ob er die Sache im Wege der Zwangsvollstreckung wegen einer Geldforderung oder im Wege der Zwangsvollstreckung zur Herausgabe einer Sache pfänden lässt (zu den Einschränkungen aber sogleich unter 3.). Oftmals wird der Sicherungsnehmer sogar ein Interesse daran haben, den Gegenstand von dem Gerichtsvollzieher verwerten zu lassen, da er die Verwertung ansonsten selbst nach den Vorgaben der Sicherungsabrede betreiben müsste.

2. Verbot der Überpfändung

Die Pfändung der Tuba verstößt gegen das Verbot der Überpfändung nach **§ 803 I 2 ZPO**, wenn sie zur Befriedigung des Gläubigers und zur Deckung der Kosten der Zwangsvollstreckung nicht erforderlich war, also zu einer Übersicherung des Gläubigers geführt hat. Zwar war die Bank bereits Sicherungseigentümerin der Tuba und verfügte damit bereits über ein Sicherungsrecht. Eine Überpfändung gem. § 803 I 2 ZPO liegt jedoch nur dann vor, wenn es gerade durch die Pfändung zu einer Übersicherung des Gläubigers kommt. Andere, dem Gläubiger unabhängig von der Zwangsvollstreckung zustehende Sicherungsrechte bleiben hierbei außer Betracht.

Hinweis: Die Prüfung von außerhalb des Zwangsvollstreckungsverfahrens begründeten Sicherungsrechten ist dem Gerichtsvollzieher nicht möglich und führt daher auch nicht zur Unrechtmäßigkeit der Vollstreckungsmaßnahme. Dies bedeutet

72

aber nicht, dass der Schuldner oder der betroffene Rechtsinhaber deshalb rechtlos wären. Vgl. etwa den das Verbot der Überpfändung ergänzenden Rechtsbehelf des § 777 ZPO.

3. Pfändungsverbot des § 811 I Nr. 5 ZPO

Die Pfändung der Tuba verstößt gegen das Pfändungsverbot des § 811 I Nr. 5 ZPO, wenn es sich bei der Tuba um einen zur Fortsetzung der Erwerbstätigkeit des Arno erforderlichen Gegenstand handelt und Arno seinen Erwerb aus persönlichen Leistungen zieht. Als Tubalehrer, der durch persönliche Tätigkeit und nicht etwa in kapitalistischer Arbeitsweise seinen Unterhalt verdient, ist Arno auf die Tuba als Arbeitsgerät angewiesen, so dass die Voraussetzungen des § 811 I Nr. 5 ZPO erfüllt sind.

Hiergegen könnte eingewendet werden, dass die Bank - anstatt die Pfändung wegen einer Geldforderung zu betreiben - wegen ihres Sicherungseigentums einen **Titel auf Herausgabe** der Tuba hätte erwirken können. Auf die Vollstreckung dieses Titels (nach § 883 ZPO) wäre § 811 I Nr. 5 ZPO aber nicht anwendbar. Diese Argumentation überzeugt jedoch nicht. Denn dann würde der Gerichtsvollzieher – der dies kaum kann – oder auf Erinnerung hin das Vollstreckungsgericht das Vorliegen des Sicherungseigentums und das Bestehen eines Herausgabeanspruchs prüfen. Hierdurch würde jedoch die Zuständigkeit des Prozessgerichts für die materiellrechtliche Frage, ob überhaupt ein Herausgabeanspruch besteht, unterlaufen werden.

Möglicherweise durfte die Tuba dennoch gepfändet werden, § 811 II ZPO analog. Dieser Vorschrift zufolge steht § 811 I Nr. 5 ZPO einer Pfändung dann nicht entgegen, wenn der Verkäufer wegen einer durch Eigentumsvorbehalt gesicherten Geldforderung vollstreckt. Eine Analogie setzt dabei eine Regelungslücke bei vergleichbarer Interessenlage voraus. Allerdings wollte der Gesetzgeber den Sicherungseigentümer, anders als den Vorbehaltsverkäufer, bewusst nicht privilegieren. Auch an der vergleichbaren Interessenlage fehlt es: Anders als der unter Eigentumsvorbehalt liefernde Verkäufer lässt sich der Sicherungseigentümer nämlich in diesen Fällen regelmäßig eine bereits nach § 811 I ZPO unpfändbare - und damit in ihrer Sicherungswirkung von vornherein beschränkte - Sache übereignen.

4. Ergebnis

Die Pfändung der Tuba erfolgte damit **zu Unrecht**.

III. Pfändung OLED-Fernsehers

1. Pfändungsverbot des § 811 I Nr. 1 ZPO

Die Pfändung des OLED-Fernsehers könnte gegen das aus § 811 I Nr. 1 ZPO folgende Pfändungsverbot verstoßen. Voraussetzung ist, dass es sich um einen dem persönlichen Gebrauch dienenden Gegenstand handelt, dessen der Schuldner zu einer angemessenen, bescheidenen Lebensführung bedarf.

Aufgrund der gesellschaftlichen und sozialen Bedeutung bejaht die Rechtsprechung mittlerweile die Notwendigkeit eines Farbfernsehgeräts und damit dessen Unpfändbarkeit. Dabei ist es zunächst einmal ohne Belang, dass es sich im Falle des Arno möglicherweise um ein sehr wertvolles Gerät handelt. Hier besteht lediglich die **Möglichkeit einer Austauschpfändung** gemäß § 811a ZPO, bei der dem Schuldner ein Ersatzstück oder der zur Beschaffung eines solchen Ersatzstückes erforderliche Geldbetrag überlassen wird.

Die Austauschpfändung erfolgt dabei auf Beschluss des Vollstreckungsgerichts. Alternativ kann eine vorläufige Austauschpfändung gemäß § 811b ZPO vorgenommen und die Entscheidung des Gerichts nachträglich beantragt werden. Eine Austauschpfändung ist jedoch nicht erfolgt.

2. Ergebnis

Die Pfändung des OLED-Fernsehers erfolgte daher **zu Unrecht**.

Fall 13: Forderungspfändung

> Arno hat weiterhin Geldprobleme. Zwar konnte er erreichen, dass er die Tuba wieder benutzen kann, doch die Schüler bleiben aus. Da er keine Miete mehr zahlt, hat ihn sein Vermieter verklagt und einen Zahlungstitel gegen ihn erwirkt. Der Vermieter fragt seine Rechtsanwältin um Rat und berichtet dieser, dass zwar in der Wohnung von Arno nichts mehr zu holen sei, Arno jedoch vor kurzem seinen Pkw an den Dieter verkauft, den Kaufpreis in Höhe von 5.100 Euro aber noch nicht erhalten habe.
>
> I. Der Vermieter bittet zunächst um einen kurzen Überblick über das für die Vollstreckung in diese Kaufpreisforderung erforderliche Verfahren.
>
> II. Nachdem der Vermieter in die Kaufpreisforderung vollstreckt hat, weigert sich Dieter, an ihn zu zahlen. Was kann der Vermieter tun?
>
> III. Dieter zahlt nicht an den Vermieter unter Hinweis darauf, dass Arno die Kaufpreisforderung unmittelbar nach Verkauf des Pkw an seine Bank abgetreten hat. Kann der Vermieter von Dieter Zahlung verlangen?
>
> IV. Dieter will die Forderungspfändung nicht akzeptieren und zahlt daher nicht an den Vermieter, sondern an Arno. Welche Auswirkungen hat dies für den Vermieter?
>
> V. Aus Ärger über die erfolgreiche Forderungspfändung erlässt Arno dem Dieter die Kaufpreisschuld. Welche Auswirkungen hat dies für den Vermieter?

I. Ablauf der Forderungspfändung

1. Zuständiges Gericht

2. Pfändung und Überweisung

II. Weiteres Vorgehen nach Erwirkung eines PfÜB

III. Folge der Abtretung vor Zustellung des PfÜB

IV. Folge der Zahlung nach Zustellung des PfÜB

V. Folge der Verfügung nach Zustellung des PfÜB

I. Ablauf der Forderungspfändung

Die Zwangsvollstreckung in Forderungen ist in den §§ 828 ff ZPO geregelt.

1. Zuständiges Gericht

Ausschließlich zuständig ist gemäß §§ 828 I, II, 764 I, 802 ZPO das Amtsgericht als Vollstreckungsgericht, bei dem der Schuldner im Inland seinen allgemeinen Gerichtsstand (hier: § 13 ZPO) hat. Funktionell zuständig ist der Rechtspfleger (§ 20 Nr. 17 RPflG).

2. Pfändung und Überweisung

Der Vermieter kann die Forderung pfänden (§ 829 ZPO) und sich überweisen lassen (§ 835 ZPO). Für beides sind Beschlüsse erforderlich, die auf Antrag erlassen werden. In der Praxis werden sie regelmäßig in einem **Pfändungs- und Überweisungsbeschluss** (sog. PfÜB) zusammengefasst.

Vor Erlass des **Pfändungsbeschlusses gemäß § 829 ZPO** prüft das Vollstreckungsgericht nur seine Zuständigkeit, das Vorliegen der allgemeinen Vollstreckungsvoraussetzungen und ob die Forderung bestehen kann (nicht, ob sie tatsächlich besteht - die Pfändung kann also auch ins Leere gehen) und pfändbar wäre.

Weder der Schuldner (Arno) noch der Drittschuldner (Dieter) werden vor Erlass des Pfändungsbeschlusses gehört. Der Pfändungsbeschluss beinhaltet nicht nur den Ausspruch der Pfändung und eine genaue Bestimmung der zu pfändenden Forderung, sondern zudem das an den Drittschuldner gerichtete Verbot, an den Schuldner zu zahlen (§ 829 I 1 ZPO, sog. **Arrestatorium**) und das an den Schuldner gerichtete Verbot, sich jeder Verfügung über die Forderung zu enthalten (§ 829 I 2 ZPO, sog. **Inhibitorium**). Die Pfändung wird – wenn die Forderung besteht – wirksam mit Zustellung des Beschlusses an den Drittschuldner (§ 829 III ZPO), eine Zustellung an den Schuldner ist für die Wirksamkeit nicht erforderlich.

Der **Überweisungsbeschluss gemäß § 835 ZPO** kann nach Wahl des Gläubigers gerichtet sein auf eine Überweisung zur Einziehung oder an Zahlungs statt zum Nennwert (§ 835 I ZPO). In der zweiten Variante gilt der Gläubiger in Höhe des Nennwerts der Forderung als befriedigt, trägt also das Ausfallrisiko der Forderung. In der Praxis wird daher stets die Überweisung zur Einziehung gewählt. Hat der Vermieter mit der Einziehung der Kaufpreisforderung keinen Erfolg, kann er mit der Vollstreckung in andere Vermögenswerte des Arno fortfahren.

II. Weiteres Vorgehen nach Erwirkung eines PfÜB

Dem Vermieter ist Arnos Kaufpreisforderung gegen Dieter zur Einziehung überwiesen worden. Dies hat nicht zu einem Gläubigerwechsel geführt, der Vermieter ist lediglich berechtigt, die Forderung an Stelle des Arno im eigenen Namen einzuziehen (Prozessführungsbefugnis). Die Erwirkung eines PfÜB hat jedoch keine Bedeutung für die Geltendmachung der gepfändeten Forderung.

Weigert sich daher Dieter als Drittschuldner, auf die Forderung zu zahlen, ist der Vermieter wie jeder Gläubiger darauf angewiesen, die ihm zur Einziehung überwiesene Forderung im **Einziehungsprozess** geltend zu machen. In diesem prüft das Gericht, (1.) ob die Forderung des Arno gegen Dieter besteht und (2.) ob der Vermieter hinsichtlich dieser Forderung einziehungsberechtigt ist. Die Einziehungsberechtigung ist zu verneinen, wenn der PfÜB nichtig ist.

Hinsichtlich des Einziehungsprozesses hat der Vermieter aber Folgendes zu beachten: Gemäß **§ 841 ZPO** ist er verpflichtet, dem Arno als Schuldner den Streit zu verkünden (§§ 72 ff ZPO). Hierdurch wird sichergestellt, dass der Schuldner im Einziehungsprozess seine Interessen wahrnehmen kann. Eine Klageabweisung etwa hätte für den Schuldner zur Folge, dass er mit weiteren Zwangsvollstreckungsmaßnahmen des Gläubigers zu rechnen hat.

Der Vermieter hat ferner zu beachten, dass er gemäß **§ 842 ZPO** für den Schaden haftet, der aus der verzögerten Geltendmachung der ihm zur Einziehung überwiesenen Forderung entsteht. So könnte die verzögerte Geltendmachung etwa zur Folge haben, dass Dieter als Drittschuldner mittlerweile zahlungsunfähig und die Kaufpreisforderung somit uneinbringlich geworden ist.

III. Folge der Abtretung vor Zustellung des PfÜB

Der Vermieter könnte gegen Dieter einen Anspruch auf Zahlung des Kaufpreises in Höhe von 5.100 Euro aus § 433 II BGB geltend machen, wenn dieser Anspruch gepfändet und dem Vermieter zur Einziehung überwiesen wurde (§§ 835, 829 ZPO).

Die Pfändung einer Forderung setzt voraus, dass der Vollstreckungsschuldner zum Zeitpunkt der Zustellung des Pfändungsbeschlusses (§ 829 III ZPO) Gläubiger der Forderung ist. Arno hatte die Forderung allerdings unmittelbar nach Verkauf des PKW und damit vor Zustellung des Pfändungsbeschlusses an die Bank abgetreten. Die Forderung stand somit nicht mehr dem Arno zu. Ist der Vollstreckungsschuldner zum Zeitpunkt der Zustellung des Pfändungsbeschlusses nicht mehr Inhaber der Forderung, so geht die Pfändung – und damit auch die Überweisung – **ins Leere** und ist gegenstandslos. Es entsteht also kein Pfändungspfandrecht an der Forderung.

> **Hinweis:** Da das Vollstreckungsorgan an der Forderung auch keinen Gewahrsam begründen kann (anders bei körperlichen Sachen, deren Pfändung gemäß § 808 I ZPO dadurch bewirkt wird, dass der Gerichtsvollzieher sie in Besitz nimmt), kommt es nicht einmal zur Verstrickung der Forderung. Auf die Verstrickung wird in dem Fall 15 (Verwertung gepfändeter Gegenstände) näher eingegangen werden.

Dieter muss daher an die Bank zahlen, nicht an Arno oder den Vermieter. Macht der Vermieter die Kaufpreisforderung trotzdem in einem Einziehungsprozess geltend, wird die Klage abgewiesen werden.

IV. Folge der Zahlung nach Zustellung des PfÜB

Der Pfändungs- und Überweisungsbeschluss enthält unter anderem das an den Drittschuldner gerichtete Verbot, an den Schuldner zu zahlen (§ 829 I 1 ZPO, sog. Arrestatorium). Zahlt der Drittschuldner verbotswidrig an den jetzt nicht mehr empfangszuständigen Schuldner, so wird er von seiner Zahlungspflicht gegenüber dem Vollstreckungsgläubiger grundsätzlich nicht frei. Regelmäßig hat der Drittschuldner dann gegen den Schuldner einen Rückzahlungsanspruch aus § 812 I 2 Var. 2 BGB wegen Zweckverfehlung. Etwas anderes gilt aber dann, wenn der Drittschuldner bei Zahlung an den Schuldner die Pfändung – etwa weil der PfÜB im Wege der Ersatzzustellung (§§ 180 f ZPO) zugestellt wurde – nicht kannte. In diesem Fall muss der Vollstreckungsgläubiger die Zahlung analog § 407 I BGB gegen sich gelten lassen.

Dieter kannte die Pfändung jedoch, so dass er durch die verbotswidrige Zahlung an Arno gegenüber dem Vermieter nicht von seiner Zahlungspflicht frei werden konnte. Der Vermieter kann daher von Dieter nochmalige Zahlung verlangen und, falls Dieter nicht freiwillig zahlt, die Kaufpreisforderung in einem Einziehungsprozess einklagen.

V. Folge der Verfügung nach Zustellung des PfÜB

Neben dem Arrestatorium enthält der Pfändungs- und Überweisungsbeschluss das an den Schuldner gerichtete Gebot, sich jeder Verfügung über die Forderung, insbesondere ihrer Einziehung, zu enthalten (§ 829 I 2 ZPO, sog. Inhibitorium). Hierbei handelt es sich um ein gerichtliches Verfügungsverbot gemäß §§ 135, 136 BGB, was zur Folge hat, dass eine hiergegen verstoßende Verfügung gegenüber denjenigen Personen unwirksam ist, deren Schutz das Verfügungsverbot bezweckt (sog. **relative Unwirksamkeit**). Das Verfügungsverbot schützt den Vollstreckungsgläubiger, hier also den Vermieter, so dass der von Arno erklärte Erlass ihm gegenüber unwirksam ist. Der Vermieter kann daher die gepfändete Forderung ungeachtet des Erlasses gegenüber Dieter geltend machen.

Fall 14: Pfändung bei Eheleuten, Rechtsbehelfe

Mittlerweile hat Arno geheiratet und ist mit seiner Frau in Düsseldorf zusammengezogen. Wegen einer anderen, ebenfalls titulierten Forderung in Höhe von 10.000 Euro kommt der Gerichtsvollzieher ein weiteres Mal zu Besuch und will in der Ehewohnung den einzigen Staubsauger pfänden. Frau Arno ist hiermit nicht einverstanden: Der Staubsauger werde für die tägliche Reinigung der Wohnung benötigt, zudem sei er erst vor Kurzem als Ersatz für ein Gerät, das sie mit in die Ehe gebracht habe, angeschafft worden, er gehöre daher quasi ihr. Nichtsdestotrotz pfändet der Gerichtsvollzieher den Staubsauger. Frau Arno möchte nun wissen, wie sie sich gegen die Pfändung wehren kann.

I. Vollstreckungserinnerung gemäß § 766 ZPO

1. Zulässigkeit
   a) Statthafter Rechtsbehelf
   b) Zuständiges Gericht
   c) Form und Frist
   d) Erinnerungsbefugnis
   e) Rechtsschutzinteresse

2. Begründetheit
   a) Verstoß gegen § 809 ZPO
   b) Verstoß gegen § 811 I Nr. 1 ZPO

3. Ergebnis

II. Drittwiderspruchsklage gemäß § 771 ZPO

1. Zulässigkeit
   a) Statthafter Rechtsbehelf
   b) Zuständiges Gericht
   c) Form und Frist
   d) Rechtsschutzinteresse

2. Begründetheit

3. Ergebnis

> **Hinweis:** Gefragt ist nun nach der **prozessualen Vorgehens-weise.** Etwaige Ausführungen zur materiellen Rechtslage können daher - soweit sie im Rahmen des betreffenden Rechtsbehelfs überhaupt von Belang sind - nur im Rahmen der Begründetheitsprüfung gemacht werden. Zu beachten ist, dass das Zwangsvollstreckungsrecht für die Prüfung des Pfändungsvorgangs selbst und die Prüfung der materiellen Rechtslage zwei unterschiedliche Rechtsbehelfe zur Verfügung stellt.

Gegen die erfolgte Pfändung des Staubsaugers könnte Frau Arno möglicherweise sowohl ihren etwaigen Mitgewahrsam als auch ihr etwaiges Alleineigentum an dem Staubsauger anführen. Als Rechtsbehelfe kommen daher sowohl die **Vollstreckungserinnerung** nach § 766 ZPO als auch die **Drittwiderspruchsklage** nach § 771 ZPO in Betracht.

I. Vollstreckungserinnerung gemäß § 766

Frau Arno könnte gegen die Pfändung eine Vollstreckungs-erinnerung gemäß § 766 I 1 ZPO einlegen. Die Vollstreckungs-erinnerung wird Erfolg haben, wenn sie zulässig und begründet ist.

1. Zulässigkeit

a) Statthafter Rechtsbehelf. Die Vollstreckungserinnerung ist gemäß § 766 I 1 ZPO unter anderem statthaft für Einwendungen, welche die **Art und Weise der Zwangsvollstreckung** oder das vom Gerichtsvollzieher bei ihr zu beachtende Verfahren betreffen. Frau Arno wendet sich vorliegend gegen die vom Gerichtsvollzieher vorgenommene Pfändung des Staubsaugers und macht auch einen vollstreckungsrechtlichen Einwand, nämlich die Notwendigkeit des Staubsaugers für ihre Haushaltsführung, geltend. Zudem könnte sie sich auch auf ihren Mitgewahrsam an dem Staubsauger berufen. Der Rechtsbehelf der Vollstreckungs-erinnerung ist somit statthaft.

b) Zuständiges Gericht. Ausschließlich zuständig für die Entscheidung über eine Vollstreckungserinnerung ist das

Amtsgericht Düsseldorf als Vollstreckungsgericht, §§ 766 I, 764 II, 802 ZPO.

c) Form und Frist. Die Vollstreckungserinnerung ist schriftlich oder zu Protokoll der Geschäftsstelle einzulegen (analog § 569 II, III ZPO). Sie ist nicht fristgebunden.

d) Erinnerungsbefugnis. Erinnerungsbefugt ist nur, wer durch die Vollstreckungsmaßnahme beschwert ist, also die Verletzung einer ihn schützenden Vorschrift geltend machen kann. Frau Arno, die nicht als Vollstreckungsschuldnerin an dem Vollstreckungsverfahren beteiligt ist, muss daher die Verletzung einer ihren Schutz bezweckenden, also **drittschützenden Vorschrift** geltend machen.

In Betracht kommt zunächst eine Verletzung des § 809 ZPO, der den Dritten schützen soll, in dessen Gewahrsam sich der zu pfändende Gegenstand befindet und der nicht zur Herausgabe bereit ist. In Betracht kommt ferner eine Verletzung des Pfändungsverbots aus § 811 I Nr. 1 ZPO, wonach unter anderem nicht nur dem persönlichen Gebrauch, sondern auch allgemein **dem Haushalt dienende Gegenstände** nicht der Pfändung unterworfen sind. Die Vorschrift dient dem Schutz sämtlicher dem Haushalt des Vollstreckungsschuldners angehöriger Personen. Mithin kann sich auch Frau Arno, die mit dem Vollstreckungsschuldner verheiratet ist und mit ihm in häuslicher Gemeinschaft lebt, auf diese Vorschrift berufen. Frau Arno ist damit erinnerungsbefugt.

Hinweis: Prüfen Sie die Vollstreckungserinnerung eines Dritten (also nicht des Vollstreckungsschuldners), so ist stets der drittschützende Charakter der als verletzt gerügten Vorschrift zu prüfen! An einer Beschwer würde es etwa dann fehlen, wenn der Erinnerungsführer lediglich behauptet, Eigentümer der gepfändeten Sache zu sein (Ausnahme: evidentes Dritteigentum).

---

e) Rechtsschutzinteresse. Ein Rechtsschutzinteresse für eine Vollstreckungserinnerung kann grundsätzlich nur in der Zeit zwischen Beginn und Beendigung der Zwangsvollstreckung vorliegen, im Falle einer Dritterinnerung also zwischen der

Vornahme der Vollstreckungsmaßnahme und (nach erfolgter Versteigerung) Auskehrung des Erlöses an den Vollstreckungsgläubiger. Zu einer Verwertung des Staubsaugers ist es vorliegend noch nicht gekommen, so dass ein Rechtsschutzinteresse der Frau Arno zu bejahen ist.

Eine Vollstreckungserinnerung gemäß § 766 ZPO wäre somit zulässig.

2. Begründetheit

Die Vollstreckungserinnerung ist begründet, wenn die Pfändung des Staubsaugers gegen eine dem Schutz des Erinnerungsführers dienende Vorschrift verstoßen hat.

Hinweis: Grundsätzlich erfolgt im Rahmen einer Vollstreckungserinnerung eine umfassende Prüfung der Vollstreckungsmaßnahme hinsichtlich der bei ihr zu beobachtenden Verfahrensvorschriften. Im Falle einer Dritterinnerung gegen eine Sachpfändung aber wird die Vollstreckungsmaßnahme nur hinsichtlich der zulässigerweise gerügten, also drittschützenden Verfahrensvorschriften geprüft.

---

a) Verstoß gegen § 809 ZPO. Die Pfändung könnte gegen § 809 ZPO verstoßen. Aus dieser Vorschrift folgt, dass die Pfändung einer sich im (Mit-)Gewahrsam eines Dritten befindlichen Sache nur dann zulässig ist, wenn dieser zur Herausgabe bereit ist. Ebenso wie Arno übte auch Frau Arno eine von einem Herrschaftswillen getragene tatsächlich Sachherrschaft über den Staubsauger aus und war somit Mitgewahrsamsinhaberin. Sie war auch nicht zur Herausgabe bereit.

Zugunsten des Vollstreckungsgläubigers könnte vorliegend aber die gesetzliche Fiktion des **§ 739 I ZPO** eingreifen. Hiernach gilt für die Durchführung der Zwangsvollstreckung nur der Ehegatte als Gewahrsamsinhaber, der Zwangsvollstreckungsschuldner ist.

Voraussetzung dieser Fiktion ist, dass gemäß **§ 1362 BGB** der schuldende Ehegatte als Eigentümer der Sache vermutet wird.

Gemäß § 1362 I 1 BGB wiederum wird zugunsten des Gläubigers eines Ehegatten vermutet, dass die sich im Besitz eines oder beider Ehegatten befindlichen beweglichen Sachen allein dem Schuldner gehören. Demnach folgt aus § 1362 I 1 BGB zugunsten des Gläubigers die Vermutung, dass Arno Alleineigentümer des Staubsaugers ist. Dies wiederum hat zur Folge, dass Arno gemäß § 739 ZPO als alleiniger Gewahrsamsinhaber des Staubsaugers gilt. Damit gilt Frau Arno zugleich nicht als Gewahrsamsinhaberin des Staubsaugers im Sinne des § 809 ZPO. Ein Verstoß gegen § 809 ZPO liegt folglich nicht vor.

b) Verstoß gegen § 811 I Nr. 1 ZPO. Bei dem (einzigen) Staubsauger handelt es sich im Sinne des § 811 I Nr. 1 ZPO um eine dem Haushalt dienende Sache, derer Frau Arno zu einer angemessenen, bescheidenen Haushaltsführung bedarf. Der Staubsauger war mithin nicht der Pfändung unterworfen. Ein Verstoß gegen § 811 I Nr. 1 ZPO liegt somit vor.

Die Vollstreckungserinnerung wäre somit auch begründet.

3. Ergebnis

Eine Vollstreckungserinnerung der Frau Arno wäre zulässig und begründet und hat somit Aussicht auf Erfolg.

Hinweis: Einen klausurtaktischen Fehler hätten Sie vorliegend begangen, wenn Sie sich gleich auf § 811 ZPO gestürzt und die Begründetheit bejaht hätten, ohne auch auf das Problem des Mitgewahrsams bei Eheleuten einzugehen.

II. Drittwiderspruchsklage gemäß § 771 ZPO

Frau Arno könnte auch eine Drittwiderspruchsklage gemäß § 771 ZPO erheben. Die Drittwiderspruchsklage wird Erfolg haben, wenn sie zulässig und begründet ist.

1. Zulässigkeit

a) Statthafter Rechtsbehelf. Die Drittwiderspruchsklage ist statthaft bei jeder Vollstreckungsmaßnahme, die in die materielle

Berechtigung eines Dritten am Vollstreckungsgegenstand eingreift. Frau Arno muss insofern ein **die Veräußerung hinderndes Recht** im Sinne des § 771 I ZPO geltend machen können. Ein solches liegt vor, wenn der Vollstreckungsschuldner selbst, veräußerte er den betreffenden Gegenstand, in den Rechtskreis des Dritten eingreifen würde und deshalb der Dritte den Vollstreckungsschuldner an der Veräußerung hindern könnte. Es kommt also nicht darauf an, ob ein gutgläubiger Erwerb des Rechts möglich ist, sondern darauf, ob der gutgläubige Erwerb verhindert werden könnte. Der Eigentümer kann den gutgläubigen Erwerb seines Eigentums verhindern, sei es unter Zuhilfenahme zivilprozessualer Maßnahmen (einstweilige Verfügung) oder indem er den Erwerber bösgläubig macht. Aus diesem Grund handelt es sich bei dem von Frau Arno geltend gemachten Eigentumsrecht an dem Staubsauger um ein die Veräußerung hinderndes Recht im Sinne des § 771 I ZPO. Die Drittwiderspruchsklage ist demnach statthaft.

Hinweis: Der Wortlaut des § 771 ZPO kann leicht missverstanden werden, denn auf den ersten Blick ist selbst das Eigentum kein die Veräußerung hinderndes Recht, da es im Wege des gutgläubigen Erwerbs auch von einem Nichtberechtigten erlangt werden kann. Prägen Sie sich daher die oben genannte Definition für ein die Veräußerung hinderndes Recht ein. Entscheidend ist, dass der Rechtsinhaber die Veräußerung verhindern könnte.

---

b) Zuständiges Gericht. Die örtliche Zuständigkeit richtet sich nach den §§ 771 I, 802 ZPO. Ausschließlich örtlich zuständig ist danach das Gericht, in dessen Bezirk die Zwangsvollstreckung erfolgt ist. § 771 I ZPO regelt dagegen nicht die sachliche Zuständigkeit, insoweit kommen die allgemeinen Vorschriften zur Anwendung, die auf den Wert des Streitgegenstandes abstellen (§§ 23 Nr. 1, 71 I GVG). Vorliegend ist wegen § 6 S. 2 ZPO nicht der Betrag der vollstreckten Forderung, sondern der Wert des Staubsaugers maßgeblich, so dass von einer Zuständigkeit des Amtsgerichts Düsseldorf auszugehen ist.

c) Form und Frist. Für Form und Frist gelten die Ausführungen zur Vollstreckungserinnerung entsprechend.

d) Rechtsschutzinteresse. Auch im Falle der Drittwiderspruchs-klage gemäß § 771 ZPO ist das erforderliche Rechtsschutz-interesse zu bejahen, sofern die Zwangsvollstreckungs-maßnahme bereits erfolgt ist, die Zwangsvollstreckung in den betreffenden Gegenstand aber noch nicht vollständig abge-schlossen wurde, etwa durch Auskehrung des Versteigerungs-erlöses an den Vollstreckungsgläubiger.

Hinweis: Grund hierfür ist der Umstand, dass sich das (nach erfolgter Versteigerung untergegangene) Recht des Dritten im Wege der dinglichen Surrogation an dem Versteigerungserlös fortsetzt, bis dieser seinerseits an den Vollstreckungsgläubiger ausgekehrt wird.

Zur Versteigerung des Staubsaugers und zur Auskehr des Versteigerungserlöses ist es noch nicht gekommen, so dass ein Rechtsschutzinteresse der Frau Arno zu bejahen ist.

2. Begründetheit

Die Drittwiderspruchsklage ist begründet, wenn Frau Arno ein die Veräußerung hinderndes Recht innehat und diesem kein Recht des Beklagten entgegensteht.

Hinweis: Die Begründetheit hat also zwei Voraussetzungen. Nur die erste Voraussetzung (Vorliegen eines Interventionsrechts) ist in § 771 I ZPO erwähnt. Behalten Sie daher immer die zweite Voraussetzung (keine Gegenrechte des Beklagten) im Hinterkopf!

Frau Arno müsste ein die Veräußerung hinderndes Recht an dem Staubsauger innehaben. Als ein solches käme ihr Eigentum an dem Staubsauger in Betracht.

Wer den Staubsauger gekauft hat oder mit wessen Mitteln er angeschafft wurde, ist allerdings nicht ersichtlich.

Ohne Bedeutung ist in diesem Zusammenhang der Umstand, dass der Staubsauger als Ersatz für ein Gerät angeschafft wurde, das von Frau Arno mit in die Ehe gebracht wurde, ursprünglich also in ihrem Eigentum stand. § 1370 BGB, der eine dingliche Surrogation eben solcher Gegenstände vorsah, ist vom Gesetzgeber zum 1. September 2009 ersatzlos aufgehoben worden.

Es verbleibt daher bei der Bestimmung des § 1362 I 1 BGB, wonach zugunsten des Gläubigers eines Ehegatten vermutet wird, dass die im Besitz beider Ehegatten befindlichen beweglichen Sachen dem Schuldner gehören. Arno und seine Frau leben nicht getrennt, so dass die Vermutung nicht gem. § 1362 I 2 BGB nicht gilt. Damit hat Frau Arno kein die Veräußerung des Staubsaugers hinderndes Recht inne.

Hinweis: Auf die zweite Begründetheitsvoraussetzung des § 771 ZPO - das Fehlen von Gegenrechten des Beklagten (= Vollstreckungsgläubigers) - kommt es also vorliegend nicht mehr an. Als derartige Gegenrechte kommen etwa die dolo-agit-Einrede, die Möglichkeit einer Anfechtung des Eigentumserwerbs des Dritten nach dem Anfechtungsgesetz oder der Umstand in Betracht, dass der Dritte nach materiellem Recht selbst für die titulierte Forderung haftet, z.B. als Gesellschafter einer OHG, gegen die die Zwangsvollstreckung betrieben wird.

Die Drittwiderspruchsklage wäre also nicht begründet.

3. Ergebnis

Eine Drittwiderspruchsklage der Frau Arno wäre zulässig, aber unbegründet und hat somit keine Aussicht auf Erfolg.

Fall 15: Verwertung gepfändeter Gegenstände

Kristina ist sauer. Gerade erst hat ihr Freund ihr rote Lackpumps aus Italien mitgebracht, da wurden sie schon vom Gerichtsvollzieher gepfändet. Und das alles nur, weil sie einen Vollstreckungsbescheid abgeheftet, jedoch vergessen hatte, Einspruch einzulegen. Und in all der Aufregung hat Kristina es auch versäumt, einen Rechtsbehelf gegen die Pfändung einzulegen, so dass die Lackpumps in der Zwangsversteigerung der Bettina zugeschlagen und dieser von dem Gerichtsvollzieher übergeben wurden.

Nachdem Kristina das alles ausführlich mit ihren Freundinnen bequatscht und ihrem Ärger Luft gemacht hat, ist sie zu dem Ergebnis gekommen, dass sie die Lackpumps unbedingt wiederhaben muss. Zum Glück hat ihr Freund ihr nicht nur die Lackpumps geschenkt, sondern ist zugleich auch noch Jurist. Sie fragt ihn daher, ob sie irgendwelche Ansprüche auf Herausgabe der Lackpumps geltend machen kann. An einem Ersatz in Geld sei ihr nicht gelegen.

Hinweis: Gefragt ist diesmal nach materiellrechtlichen Ansprüchen. In deren Rahmen werden auch die Rechtsfolgen der Zwangsversteigerung zu prüfen sein.

I. Anspruch aus § 985 BGB

1. Verstrickung

2. Einhaltung der wesentlichen Verfahrensvorschriften für die Versteigerung

3. Materiellrechtliche Voraussetzung: Pfändungspfandrecht
   a) Privatrechtliche Theorie
   b) Öffentlich-rechtliche Theorie
   c) Gemischt privatrechtlich - öffentlich-rechtliche Theorie
   d) Zwischenergebnis

4. Ergebnis

I. Anspruch aus § 985 BGB

Kristina kann von Bettina nur dann Herausgabe der Lackpumps gemäß § 985 BGB verlangen, wenn sie nach wie vor deren Eigentümerin ist.

Ursprünglich war Kristina Eigentümerin der Lackpumps. Das Eigentum wurde durch die Pfändung auch nicht angetastet. Sie könnte ihr Eigentum jedoch an Bettina verloren haben, indem die Lackpumps gemäß **§ 817 II ZPO** an Bettina abgeliefert wurden. Mit wirksamer Ablieferung (Besitzübertragung) kommt es zu einer Übertragung des Eigentums an der zugeschlagenen Sache mittels eines privatrechtsgestaltenden Hoheitsakts des Gerichtsvollziehers. Voraussetzung für eine wirksame Ablieferung (und damit den Eigentumsübergang) sind (1) die Verstrickung und (2) die Einhaltung der wesentlichen Verfahrensvorschriften für die Versteigerung. Umstritten ist, ob darüber hinaus als materiellrechtliche Voraussetzung (3) das Bestehen eines Pfändungspfandrechts erforderlich ist.

Hinweis: Weder die Voraussetzungen noch die Rechtsfolge (lastenfreier Eigentumserwerb) der wirksamen Ablieferung kann man dem § 817 II ZPO entnehmen. Diese müssen Sie sich daher unbedingt einprägen - und natürlich den Umstand, dass Ablieferung im Sinne des § 817 II ZPO zunächst Besitzübertragung bedeutet, unter den dargestellten Voraussetzungen aber zur Eigentumsübertragung führt. Rechtsgrund der Eigentumsübertragung ist übrigens der Zuschlag in der Versteigerung.

Führen Sie sich an dieser Stelle zunächst die Folgen einer fehlerfreien Pfändung vor Augen:

1. **Verstrickung**: Die Verstrickung ist Grundlage für den weiteren Verwertungsprozess, d.h. für die hoheitliche Verwertung der gepfändeten Sachen. Zugleich führt die Verstrickung zu einem relativen Verfügungsverbot im Sinne der §§ 135, 136 BGB, d.h. der Eigentümer darf über den Pfandgegenstand nicht mehr verfügen (gutgläubiger Erwerb ist möglich, § 135 II BGB). Strafrechtlich ist die Verstrickung durch den Tatbestand des Verstrickungsbruchs gemäß § 136 StGB geschützt.

2. **Pfändungspfandrecht**: Das Pfändungspfandrecht ist die Grundlage für die Zuteilung des Verwertungserlöses. Dem Inhaber des Pfändungspfandrechts gebührt der erzielte Erlös zur Befriedigung seiner titulierten Forderung gegen den Schuldner. Die Voraussetzungen, unter denen ein Pfändungspfandrecht entsteht, sind allerdings umstritten (hierzu auch sogleich in der Falllösung).

1. Verstrickung

Die Verstrickung eines Gegenstands ist Folge seiner wirksamen (d.h. nicht zwingend rechtsfehlerfreien) Pfändung gemäß § 803 ZPO. Verstrickung ist das mit der Pfändung begründete **öffentlich-rechtliche Gewaltverhältnis über den Pfandgegenstand**.

Sie bedeutet, dass nunmehr eine staatliche Verfügungsmacht über den Pfandgegenstand besteht und dieser mit einem relativen Veräußerungsverbot im Sinne der §§ 135, 136 BGB belegt ist. Zu einer Verstrickung des gepfändeten Gegenstands kommt es nur dann nicht, wenn die Pfändung nichtig ist, also unter schwerwiegender und offenkundiger Verletzung wesentlicher Verfahrensvorschriften erfolgt ist.

Hinweis: Eine schwerwiegende und offenkundige Verletzung wesentlicher Verfahrensvorschriften wird etwa angenommen, wenn es schon an einem Titel fehlt oder die Pfändung des Gegenstands nicht kenntlich gemacht wurde.

Zur Entstrickung kann es auf drei Wegen kommen (nach h.M. aber gerade nicht durch eine bloße Freigabeerklärung des Pfändungsgläubigers):

1. **Beendigung der Verwertung** des Pfandgegenstands (z.B. mit Ablieferung des Gegenstands an den Ersteher, wobei sich die Verstrickung dann im Wege dinglicher Surrogation - bis zur Aushändigung an den Pfändungsgläubiger - am Erlös fortsetzt)

2. **Aufhebung durch den Gerichtsvollzieher**, etwa auch auf Aufforderung durch den Pfändungsgläubiger oder nachdem erfolgreich ein Rechtsbehelf eingelegt wurde (§§ 775, 776 ZPO)

3. **Gutgläubiger, lastenfreier Erwerb** gemäß §§ 135 II, 936 BGB

Ein derartig schwerwiegender und offenkundiger Verstoß des Gerichtsvollziehers ist vorliegend nicht ersichtlich. Insbesondere hat der Gerichtsvollzieher grundsätzlich nicht das Eigentum Dritter an den sich im Gewahrsam des Schuldners befindlichen Gegenständen zu prüfen. Auch Verstöße gegen die aus § 811 ZPO folgenden Pfändungsverbote führen regelmäßig nicht zur Nichtigkeit der Pfändung.

Eine wirksame Verstrickung der Lackpumps lag somit vor.

2. Einhaltung der wesentlichen Verfahrensvorschriften für die Versteigerung

Voraussetzung für den Eigentumserwerb in der Zwangsvollstreckung ist zudem die Einhaltung der wesentlichen Verfahrensvorschriften für die Versteigerung. Anhaltspunkte für einen Verstoß gegen eine wesentliche Verfahrensvorschrift liegen nicht vor.

Hinweis: Zu den wesentlichen Verfahrensvorschriften der Zwangsversteigerung gehören etwa die Öffentlichkeit gemäß § 814 ZPO, die Bekanntmachung der Versteigerung gemäß § 816 III ZPO sowie die Beachtung des Barzahlungsgebots gemäß § 817 II ZPO. Ein Verstoß gegen diese Vorschriften führt unweigerlich zur Unwirksamkeit der Eigentumsübertragung, auch der gute Glaube des Erwerbers hilft nicht.

3. Materiellrechtliche Voraussetzung: Pfändungspfandrecht

Umstritten ist, ob eine wirksame Eigentumsübertragung gemäß § 817 II ZPO als materiellrechtliche Voraussetzung zudem das Bestehen eines Pfändungspfandrechts des Gläubigers an dem Pfändungsgegenstand gemäß § 804 ZPO voraussetzt.

a) Privatrechtliche Theorie. Dieser (mittlerweile überholten) Theorie zufolge setzt der Eigentumserwerb ein Pfändungspfandrecht voraus. Die Entstehung des Pfändungspfandrechts richte sich aber, da die Zwangsvollstreckung als privatrechtlicher Vorgang verstanden werden müsse, nach den materiellrechtlichen Voraussetzungen. An einer nicht dem Schuldner gehörenden Sache könne ein Pfandrecht aber nur gutgläubig erworben werden (§ 1244 BGB).

Nach heutigem Verständnis handelt es sich bei der Zwangsvollstreckung um ein staatliches Verfahren, zwischen dem Vollstreckungsgläubiger und dem Vollstreckungsorgan besteht eine öffentlich-rechtliche, keine privatrechtliche (Auftrag) Beziehung. Diese Theorie ist daher abzulehnen.

b) Öffentlich-rechtliche Theorie. Nach dieser Theorie entsteht das Pfändungspfandrecht allein aufgrund der Verstrickung, ohne dass weitere Voraussetzungen gegeben sein müssten. Aber auch wenn das Pfändungspfandrecht zur weiteren Verwertung des Pfandgegenstands berechtigte, so folge aus dem Pfändungspfandrecht kein materielles Befriedigungsrecht an dem Veräußerungserlös, wenn der verwertete Gegenstand nicht im Eigentum des Vollstreckungsschuldners stand. Für den Eigentumserwerb des Ersteigerers ist nach dieser Ansicht somit zwar ein Pfändungspfandrecht erforderlich, dies entstehe aber - ohne dass weitere Voraussetzungen erfüllt sein müssten - mit der

92

Verstrickung. Da vorliegend eine wirksame Verstrickung erfolgte, wäre nach dieser Theorie das Eigentum an den Lackpumps übergegangen.

Hinweis: Der öffentlich-rechtlichen Theorie lässt sich ihre Widersprüchlichkeit entgegenhalten. Da das Pfändungspfandrecht stets mit der Verstrickung entsteht, aus ihm aber kein materielles Befriedigungsrecht des Vollstreckungsgläubigers folgt (hierfür wäre wiederum das Eigentum des Schuldners erforderlich), ist das Pfändungspfandrecht jeder Bedeutung beraubt.

c) Gemischt privatrechtlich - öffentlich-rechtliche Theorie. Dieser Theorie zufolge ist allein die Verstrickung Grundlage der Verwertung und damit auch des Eigentumserwerbs des Ersteigerers. Das Pfändungspfandrecht gewährt dem Vollstreckungsgläubiger dagegen ein materielles Befriedigungsrecht (hinsichtlich des Pfandgegenstands bzw. des Versteigerungserlöses). Für den Eigentumserwerb des Ersteigerers sind daher keine weiteren Voraussetzungen zu prüfen.

Hinweis: Diese Theorie ist also insoweit gemischt, als sie den Eigentumserwerb des Ersteigerers von der Verstrickung als öffentlich-rechtliche Komponente abhängig macht, die Frage des materiellen Befriedigungsrechts (wem gebührt der Erlös aus der Versteigerung?) dagegen von den zivilrechtlichen Voraussetzungen der Begründung eines Pfandrechts. Das Entstehen des Pfändungspfandrechts hat daher nach der gemischt öffentlich-rechtlich-privatrechtlichen Theorie drei Voraussetzungen:

1. **Verstrickung des Pfandgegenstands** (zu den Voraussetzungen siehe oben)

2. **Einhaltung der wesentlichen Vollstreckungsvoraussetzungen**

3. **Zivilrechtliche Voraussetzungen** für das Entstehen eines Pfandrechts, insbesondere das Bestehen der zu vollstreckenden Forderung und das Eigentum des Schuldners. Dabei folgt das Erfordernis des Eigentums des Schuldners aus § 1257 BGB. Der Wortlaut dieser Vorschrift („kraft Gesetzes entstandenes Pfandrecht") wird so ausgelegt, dass ein

gesetzliches Pfandrecht nicht gutgläubig erworben werden kann.

d) Zwischenergebnis. Die öffentlich-rechtliche Theorie und die gemischte Theorie kommen somit beide zu dem Ergebnis, dass der Eigentumserwerb des Ersteigerers von keinen weiteren, materiellrechtlichen Voraussetzungen abhängig ist. Nach beiden Theorien hat Bettina das Eigentum an den Lackpumps erworben.

4. Ergebnis

Infolge der Ablieferung hat Kristina ihr Eigentum an den Lackpumps verloren. Sie hat somit keinen Anspruch gegen Bettina auf Herausgabe der Lackpumps aus § 985 BGB.

II. Anspruch aus § 1007 I, II BGB

Kristina könnte gegen Bettina einen Anspruch auf Herausgabe der Lackpumps aus § 1007 I BGB haben, wenn Bettina beim Erwerb des Besitzes nicht in gutem Glauben war. Unabhängig von einem etwaigen guten Glauben der Bettina ist der Anspruch aber gemäß § 1007 III 2 i.V.m. § 986 BGB ausgeschlossen, da Bettina der Kristina ihr Eigentum als Besitzrecht entgegenhalten kann.

Aufgrund des wirksam in der Versteigerung erworbenen Eigentums scheidet auch ein Herausgabeanspruch nach § 1007 II BGB aus.

> **Hinweis:** Eigentum ist das stärkste Recht zum Besitz. Lassen Sie sich nicht davon irritieren, dass bei der Prüfung einer Vindikation nach § 985 BGB das Eigentum im Rahmen des § 986 I 1 BGB natürlich nicht mehr geprüft werden muss.

III. Anspruch aus § 861 I BGB

Als zwischenzeitliche mittelbare Besitzern der Lackpumps - unmittelbarer Besitzer war ab dem Zeitpunkt der Pfändung der Gerichtsvollzieher - könnte Kristina gemäß §§ 869, 861 I BGB von der Bettina Wiedereinräumung des Besitzes an den Schuhen verlangen. Voraussetzung ist, dass der Kristina der Besitz durch verbotene Eigenmacht im Sinne des § 858 I BGB entzogen wurde. Verbotene Eigenmacht scheidet gemäß § 858 I BGB jedoch aus, wenn das Gesetz die Besitzentziehung gestattet. Dem Gerichtsvollzieher war jedoch die Ablieferung der Schuhe an die Bettina gesetzlich gestattet (s.o.). Auch die Entziehung des unmittelbaren Besitzes durch Pfändung der Schuhe war durch die gesetzlichen Zwangsvollstreckungsvorschriften gedeckt.

Mangels verbotener Eigenmacht scheidet somit auch ein Anspruch aus § 861 I BGB auf Wiedereinräumung des Besitzes aus.

IV. Anspruch aus § 812 I 1 Var. 2 BGB

Bettina könnte aus § 812 I 1 Var. 2 BGB zur Herausgabe der Lackpumps verpflichtet sein. Dies setzt voraus, dass sie die Schuhe ohne Rechtsgrund erlangt hat. Rechtsgrund des Eigentumserwerbs in der Versteigerung ist jedoch der Zuschlag gemäß § 817 I ZPO. Ein Anspruch aus § 812 I 1 Var. 2 BGB scheidet somit aus.

V. Anspruch aus § 823 I BGB

Auch ein Anspruch der Kristina gegen Bettina aus § 823 I BGB auf Schadensersatz (in Form der Herausgabe und Rückübereignung der Schuhe) scheidet vorliegend aus. Bettina erwarb das Eigentum durch einen rechtmäßigen Hoheitsakt, so dass es an der Rechtswidrigkeit fehlt.

VI. Anspruch aus § 826 BGB

Kristina könnte gegen Bettina einen Anspruch auf Schadensersatz (wiederum in Form der Herausgabe und Rückübereignung der Lackpumps) aus § 826 BGB haben. Dies setzt voraus, dass Bettina in einer gegen die guten Sitten verstoßenden Weise Kristina vorsätzlich einen Schaden zugefügt hat. Anzeichen für eine vorsätzliche und gegen die guten Sitten verstoßende Schadenszufügung - beispielsweise ein kollusives Zusammenwirken zwischen Bettina und dem Vollstreckungsgläubiger - sind vorliegend nicht ersichtlich. Die bloße Kenntnis der Bettina von dem Eigentum der Kristina hätte insofern nicht ausgereicht. Auch ein Anspruch aus § 826 BGB scheidet damit vorliegend aus.

Hinweis: Der Anspruch aus § 826 BGB ist grundsätzlich die einzige Möglichkeit des von der Versteigerung betroffenen Dritteigentümers, sein Eigentum wieder zu erlangen. Regelmäßig wird aber auch dieser Anspruch wegen der qualifizierten Voraussetzungen nicht gegeben sein.

VII. Ergebnis

Kristina hat keinen Anspruch gegen Bettina auf Herausgabe der Lackpumps. Sie wird sich daher wegen des Verwertungserlöses an den Vollstreckungsgläubiger halten müssen.

Hinweis: Bei dieser Fallkonstellation handelt es sich um ein gängiges Klausurthema. In der vorliegenden Fassung sollten Sie jedoch nur eine abgespeckte Variante prüfen, denn es war nur nach den Herausgabeansprüchen von Kristina gefragt. Auf Examensniveau wäre auch nach den **Ansprüchen gegen den Vollstreckungsgläubiger** gefragt worden (Stichwort: "verlängerte Drittwiderspruchsklage"). Dann ist in dem zweiten Teil der Lösung der komplette zivilrechtliche Anspruchsaufbau durchzuprüfen. Ansprüche gegen den Vollstreckungsgläubiger können sich dann aus §§ 280; 823 I; 826; 687 II, 678 und 812 I 1 Var. 2 BGB ergeben. Möchte der Klausurensteller den Schwierigkeitsgrad dann noch weiter steigern, sieht der Sachverhalt vor, dass der Vollstreckungsgläubiger selbst den Pfandgegenstand ersteigert. In diesem Fall erlangt er (im Sinne des § 812 I 1 Var. 2 BGB) nämlich nicht Eigentum an dem Erlös, sondern die **Befreiung von der Barzahlungspflicht** gemäß § 817 IV ZPO.

Merken Sie sich: Der Ersteigerer einer schuldnerfremden Sache erwirbt grundsätzlich rechtsbeständiges Eigentum. Der Vollstreckungsgläubiger dagegen erwirbt mangels Pfändungspfandrecht kein Befriedigungsrecht an schuldnerfremden Sachen.

Fall 16: Sicherungseigentum, Hypothekenhaftungsverband

Bauunternehmer B hat bei seinem Freund D ein Darlehen aufgenommen. Als Sicherheit hat B dem D dafür eine Hypothek an seinem Betriebsgrundstück bestellt und ihm seinen Sportwagen im Wert von 80.000 Euro zur Sicherheit übereignet. Laut Sicherungsvertrag ist D verpflichtet, das Eigentum an dem Sportwagen zurück zu übertragen, sobald das Darlehen zurückgezahlt ist. Wegen diverser Schadensersatzansprüche in Höhe von 200.000 Euro betreibt der Gläubiger G die Zwangsvollstreckung gegen B. Der Gerichtsvollzieher pfändet daraufhin im Auftrag des G in Bielefeld den Sportwagen und einen zu dem Betriebsgrundstück des B gehörenden Lieferwagen im Wert von 8.000 Euro. Zur Verwertung ist es noch nicht gekommen, mittlerweile hat B allerdings das Darlehen an D zurückgezahlt.

D fragt sich nun, ob und wie er gegen die erfolgten Pfändungen vorgehen kann.

Hinweis: Gefragt ist hier wiederum nach der prozessualen Vorgehensweise. Keinesfalls sollte daher unvermittelt mit einer Prüfung der Rechtmäßigkeit der Pfändungen oder gar der materiellen Rechtslage begonnen werden.

I. Vollstreckungserinnerung gemäß § 766 ZPO

1. Zulässigkeit
   a) Statthafter Rechtsbehelf
   b) Erinnerungsbefugnis
   c) Form und Frist
   d) Zuständiges Gericht
   e) Rechtsschutzinteresse

2. Begründetheit
   a) Abgrenzung Immobiliarvollstreckung
   b) Haftungsverband der Hypothek
   c) Enthaftung

3. Ergebnis

II. Drittwiderspruchsklage gemäß § 771 ZPO

1. Zulässigkeit
   a) Statthafter Rechtsbehelf
   b) Zuständiges Gericht
   c) Rechtsschutzinteresse

2. Klagehäufung

3. Begründetheit
   a) Eingriff in ein die Veräußerung hinderndes Recht
   b) Keine Einwendungen des Beklagten

4. Ergebnis

I. Vollstreckungserinnerung gemäß § 766 ZPO

D könnte gegen die erfolgte Pfändung von Liefer- und Sportwagen Vollstreckungserinnerung gemäß § 766 I 1 ZPO einlegen. Die Vollstreckungserinnerung wird Erfolg haben, wenn sie zulässig und begründet ist.

1. Zulässigkeit

a) Statthafter Rechtsbehelf. Gemäß § 766 I 1 ZPO ist die Erinnerung statthaft bei Einwendungen, die die Art und Weise der Zwangsvollstreckung oder das vom Gerichtsvollzieher bei ihr zu beobachtende Verfahren betreffen. Gegen **Pfändungsmaßnahmen des Gerichtsvollziehers** ist die Vollstreckungserinnerung stets statthaft.

b) Erinnerungsbefugnis. D müsste auch erinnerungsbefugt sein, d.h. geltend machen können, durch die Zwangsvollstreckung in seinen Rechten beeinträchtigt worden zu sein (Beschwer). Da D an dem Zwangsvollstreckungsverfahren nicht als Vollstreckungsschuldner oder Vollstreckungsgläubiger beteiligt ist, muss er die Verletzung ihn schützender Vorschriften geltend machen. Eine

Verletzung des § 809 ZPO kommt vorliegend nicht in Betracht, da sich weder der Sportwagen noch der Lieferwagen in seinem Gewahrsam befanden. Auch für ein evidentes Dritteigentum des D an dem Sportwagen fehlen jegliche Anhaltspunkte. D kann aber einen **Verstoß gegen § 865 I, II 1 ZPO** rügen, da er Inhaber einer Hypothek an dem Betriebsgrundstück ist und sich diese möglicherweise auch auf den Lieferwagen erstreckt. § 865 ZPO dient der Erhaltung der Haftungsgrundlage für den Realgläubiger, hier also den D.

Hinweis: Im Hinblick auf den Sportwagen ist die Prüfung der Vollstreckungserinnerung daher schon an dieser Stelle zu Ende. Vertretbar dürfte es aber auch sein, die Frage des Gewahrsams erst im Rahmen der Begründetheitsprüfung zu beantworten.

---

c) Form und Frist. Die Vollstreckungserinnerung ist schriftlich oder zu Protokoll der Geschäftsstelle einzulegen (analog § 569 II, III ZPO). Sie ist nicht fristgebunden.

d) Zuständiges Gericht. Ausschließlich zuständig für die Entscheidung über Vollstreckungserinnerungen ist gemäß §§ 766 I 1, 802 ZPO das Vollstreckungsgericht. Nach § 764 II ZPO handelt es sich hierbei um das Amtsgericht, in dessen Bezirk das Vollstreckungsverfahren stattgefunden hat. Zuständig ist demnach das Amtsgericht Bielefeld.

e) Rechtsschutzinteresse. Ein Rechtsschutzinteresse ist vorhanden, sobald die **Zwangsvollstreckungsmaßnahme begonnen hat und noch nicht endgültig beendet** ist. Bislang wurden die gepfändeten Gegenstände noch nicht verwertet und der Verwertungserlös an den Gläubiger ausgekehrt, so dass noch keine Beendigung eingetreten ist. Unerheblich ist, ob der Verfahrensfehler so schwer wiegt, dass die Maßnahme nichtig ist, was nach h.M. im Falle eines Verstoßes gegen § 865 II 1 ZPO allerdings nicht der Fall ist. Denn die Erinnerung wäre auch in diesem Fall zulässig, um den Rechtsschein der Vollstreckungsmaßnahme beseitigen zu können. Ein Rechtsschutzbedürfnis ist demnach zu bejahen.

Die Vollstreckungserinnerung ist somit zulässig, soweit sie sich gegen die Pfändung des Lieferwagens richtet.

2. Begründetheit

Die Vollstreckungserinnerung ist begründet, wenn gegen die zulässigerweise als verletzt gerügten Vorschriften tatsächlich verstoßen wurde.

Vorliegend könnte gegen das Pfändungsverbot des § 865 II 1 ZPO verstoßen worden sein.

a) Abgrenzung Immobiliarvollstreckung. Zwar unterlag der Lieferwagen als bewegliche Sache im Sinne der §§ 90 ff BGB und damit gleichbedeutend als körperliche Sache im Sinne des § 808 I ZPO grundsätzlich der Pfändung durch den Gerichtsvollzieher. Eine spezielle Regelung zur **Abgrenzung** zwischen der Zwangsvollstreckung in bewegliches und unbewegliches Vermögen trifft allerdings **§ 865 ZPO.** Nach § 865 I ZPO umfasst die Zwangsvollstreckung in das unbewegliche Vermögen auch die Gegenstände, auf die sich bei Grundstücken die Hypothek erstreckt. Zuständig für die Zwangsvollstreckung in das unbewegliche Vermögen sind aber allein das Amtsgericht als Vollstreckungsgericht (Zwangsversteigerung, Zwangsverwaltung, § 869 ZPO i.V.m. § 1 ZVG) bzw. das Grundbuchamt (Zwangshypothek, § 867 ZPO).

Voraussetzung für die Unpfändbarkeit des Lieferwagens und die Unzuständigkeit des Gerichtsvollziehers ist demnach, dass der Lieferwagen der **hypothekarischen Haftung** unterfiel (§ 865 I ZPO) und zum **Zubehör** des Grundstücks zählte (§ 865 II ZPO). Ob an dem Betriebsgrundstück auch tatsächlich eine Hypothek bestand, ist demgegenüber irrelevant.

Hinweis: Dies ist ein wichtiger Punkt. Die wirtschaftliche Einheit des Grundstücks soll unabhängig davon gewahrt bleiben, ob ein Grundpfandrecht eingetragen ist. Daher ist an dieser Stelle irrelevant, ob dem D eine Hypothek bestellt wurde oder nicht. Von Bedeutung war dieser Umstand lediglich für die Möglichkeit einer Rechtsverletzung des D.

b) Haftungsverband der Hypothek. Der Haftungsverband der Hypothek erstreckt sich gemäß **§ 1120 BGB** unter anderem auf das Zubehör des Grundstücks mit Ausnahme der Zubehörstücke, welche nicht in das Eigentum des Eigentümers des Grundstücks gelangt sind. Zubehör sind gemäß § 97 I 1 BGB bewegliche Sachen, die, ohne Bestandteile der Hauptsache zu sein, dem wirtschaftlichen Zweck der Hauptsache zu dienen bestimmt sind und zu ihr in einem dieser Bestimmung entsprechenden räumlichen Verhältnis stehen.

Bei dem Lieferwagen handelte es sich um eine solche bewegliche Sache, die dem Betrieb des Bauunternehmens zu dienen bestimmt war und dort auch abgestellt war. Damit handelte es sich bei dem Lieferwagen um Zubehör. Mangels entgegenstehender Anhaltspunkte ist auch davon auszugehen, dass der Lieferwagen im Eigentum des B und damit des Grundstückseigentümers stand. Damit unterfiel der Lieferwagen grundsätzlich gemäß § 1120 BGB der hypothekarischen Haftung.

c) Enthaftung. Schließlich dürfte es hinsichtlich des Lieferwagens, der zunächst in den hypothekarischen Haftungsverband fiel, nicht zu einer **Enthaftung** gemäß **§§ 1121, 1122 BGB** gekommen sein. Jedoch ist der Lieferwagen weder veräußert noch von dem Grundstück entfernt worden, so dass keine Enthaftung eingetreten ist.

Damit sind die Voraussetzungen des Pfändungsverbots gemäß § 865 II 1 ZPO erfüllt. Gegen dieses Verbot wurde verstoßen. Die Erinnerung wäre somit begründet.

3. Ergebnis
Eine Vollstreckungserinnerung des D wäre hinsichtlich des Lieferwagens zulässig und begründet und wird somit Erfolg haben.

II. Drittwiderspruchsklage gemäß § 771 ZPO

D könnte sowohl hinsichtlich des Lieferwagens als auch hinsichtlich des Sportwagens eine Drittwiderspruchsklage gemäß § 771 ZPO erheben. Die Drittwiderspruchsklage hat Aussicht auf Erfolg, wenn sie zulässig und begründet ist.

1. Zulässigkeit

a) Statthafter Rechtsbehelf. Die Drittwiderspruchsklage ist statthaft bei jeder Vollstreckungsmaßnahme, die in die materielle Berechtigung eines Dritten am Vollstreckungsgegenstand eingreift. D muss insofern ein die Veräußerung hinderndes Recht im Sinne des § 771 I ZPO geltend machen können. Ein solches liegt vor, wenn der Vollstreckungsschuldner selbst, veräußerte er den betreffenden Gegenstand, in den Rechtskreis des Dritten eingreifen würde und deshalb der Dritte den Vollstreckungs- schuldner an der Veräußerung hindern könnte. Es kommt daher nicht darauf an, ob das Recht nicht gutgläubig erworben kann, sondern ob der Erwerb verhindert werden könnte.

Unproblematisch ist dies hinsichtlich der von D geltend zu machenden **Hypothek**, die dem D das Recht gibt, die Veräußerung des Lieferwagens zu verhindern (§ 1120 BGB).

> **Hinweis:** So die h.M., die es ausreichen lässt, dass der Grundpfandgläubiger das Recht hat, eine Enthaftung zu verhindern, die durch eine andere Person als den Eigentümer (hier: den Gerichtsvollzieher) erfolgt. Einer Veräußerung von Zubehör durch den Eigentümer kann der Grundpfandgläubiger nicht widersprechen.

Hinsichtlich des Sportwagens kann der D **Sicherungseigentum** geltend machen. Es ist umstritten, ob auch im Falle behaupteten Sicherungseigentums die Drittwiderspruchsklage gemäß § 771 ZPO statthaft ist. Teilweise wird insofern die Klage auf vorzugsweise Befriedigung gemäß § 805 ZPO als speziellere Regelung angesehen. Dies wird damit begründet, dass es sich bei Sicherungseigentum aus wirtschaftlicher Sicht um ein besitzloses Pfandrecht handele und das Sicherungseigentum auch im Insolvenzverfahren - wie das besitzlose Pfandrecht - nur ein Absonderungsrecht (§ 51 Nr. 1 InsO) gewähre, während das Volleigentum zur Aussonderung berechtige (§ 47 InsO). Diese Argumente überzeugen jedoch nicht. Denn schließlich wird dem Sicherungseigentümer in der Sicherungsabrede gerade das Recht eingeräumt, die Sache selbst zu verwerten. Durch die Verweisung auf § 805 ZPO wird ihm diese Befugnis genommen, da er hier auf das Verwertungsergebnis des Gerichtsvollziehers angewiesen ist. Zudem würde dem Schuldner seine wirtschaftliche Grundlage entzogen, da er nicht mehr in der Lage wäre, seinen Kreditgebern vollwertige Sicherheiten in Gestalt des Sicherungseigentums zu bieten. Aus diesen Gründen ist auch im Falle des Sicherungseigentums die Drittwiderspruchsklage gemäß § 771 ZPO statthaft (h.M.).

b) Zuständiges Gericht. Ausschließlich örtlich zuständig ist gemäß § 771 I, 802 ZPO das Gericht, in dessen Bezirk die Zwangsvollstreckung erfolgt ist. Die nicht in § 771 I ZPO geregelte sachliche Zuständigkeit richtet sich nach den allgemeinen Vorschriften des GVG. Gemäß §§ 23 Nr. 1, 71 I GVG ist vorliegend das Landgericht Bielefeld zuständig.

c) Rechtsschutzinteresse. Die Pfändungen sind bereits erfolgt, jedoch mangels Auskehrung des Verwertungserlöses an den Gläubiger noch nicht abgeschlossen. Somit wäre ein Rechtsschutzinteresse des D gegeben. Ein Rechtsschutzinteresse ist aber zu verneinen, wenn der Kläger sein Ziel auf einem einfacheren und billigeren Weg erreichen könnte. Vorliegend besteht für D die Möglichkeit, eine Vollstreckungserinnerung einzulegen. Allerdings werden im Erinnerungsverfahren nur verfahrensrechtliche Einwendungen geprüft, während Gegenstand der Drittwiderspruchsklage sachliches Recht ist. Die Möglichkeit, eine Vollstreckungserinnerung einzulegen, schließt daher die Erhebung einer Drittwiderspruchsklage nicht aus.

2. Klagehäufung

Da sich die Drittwiderspruchsklage des D auf die Pfändung zweier Gegenstände und damit auf zwei Maßnahmen der Zwangsvollstreckung bezieht, handelt es sich um zwei verschiedene Ansprüche, die aber im Wege der Klagehäufung gemäß **§ 260 ZPO** in einer Klage verfolgt werden können.

3. Begründetheit

Die Drittwiderspruchsklage ist begründet, wenn dem D die geltend gemachten Interventionsrechte tatsächlich zustehen und der Beklagte (=Zwangsvollstreckungsgläubiger) keine Einwendungen geltend machen kann.

a) Eingriff in ein die Veräußerung hinderndes Recht. D müsste hinsichtlich des Lieferwagens und des Sportwagens jeweils ein die Veräußerung hinderndes Recht innehaben, also Inhaber einer Hypothek an dem Betriebsgrundstück sowie Sicherungseigentümer des Sportwagens sein. Es bestehen keine Anhaltspunkte dafür, an der Berechtigung des D zu zweifeln. Insbesondere ist es bislang noch nicht zu einer Rückübereignung des Sportwagens an B gekommen. In diese Rechte wurde durch die Pfändung, die als Grundlage für die weitere Verwertung und rechtswirksame Übereignung an einen Dritten dient, eingegriffen.

b) Einwendungen des Beklagten sind hinsichtlich des Lieferwagens nicht ersichtlich. Hinsichtlich des Sportwagens kann der Beklagte als Vollstreckungsgläubiger aber möglicherweise einwenden, dass der D zur Duldung der Zwangsvollstreckung verpflichtet ist, **§ 242 BGB**. Dies wäre der Fall, wenn er ohne weitere Voraussetzungen den Sportwagen auf den B zurückübertragen müsste, wo er dann erneut gepfändet werden könnte (*dolo agit*). Tatsächlich ist der D nach Rückzahlung des Darlehens seitens des B aufgrund der Sicherungsabrede verpflichtet, das Eigentum an dem Sportwagen unverzüglich wieder auf den B zu übertragen. Somit steht der Geltendmachung seines Sicherungseigentums eine Einwendung entgegen.

Die Drittwiderspruchsklage ist somit nur hinsichtlich des Lieferwagens begründet, im Übrigen aber unbegründet.

4. Ergebnis

Eine Drittwiderspruchsklage des D wäre zwar zulässig, aber lediglich hinsichtlich der Pfändung des Lieferwagens auch begründet und hat daher nur teilweise Aussicht auf Erfolg.

Fall 17: Vollstreckungsgegenklage, Präklusion

Wegen einer offenen Forderung in Höhe von 500 Euro erhebt der K Klage gegen den B und erwirkt beim Amtsgericht Marl (Wohnsitz des B) nach mündlicher Verhandlung ein mittlerweile rechtskräftig gewordenes Zahlungsurteil.

I. B erhebt nunmehr, noch bevor der K begonnen hat, aus dem Zahlungsurteil die Zwangsvollstreckung zu betreiben, Klage und macht Folgendes geltend:

a) Er rechne gegen die titulierte Forderung des K mit einer Gegenforderung in gleicher Höhe auf, die er kurz nach Rechtshängigkeit der Zahlungsklage erworben habe, von der er aber erst jetzt Kenntnis erlangt habe.

b) Er rechne gegen die titulierte Forderung des K mit einer zweiten Gegenforderung in gleicher Höhe auf, die er erst nach Rechtskraft des Zahlungsurteils erworben habe.

Hat die Klage des B Aussicht auf Erfolg?

II. Unterstellt, B ist Inhaber einer unmittelbar nach Rechtskraft des Ausgangsurteils erworbenen Gegenforderung. Allerdings ist B fälschlicherweise der Ansicht, K sei nicht Inhaber der titulierten Forderung. Nur auf diese Einwendung stützt er daher seine Vollstreckungsgegenklage, die abgewiesen wird. Nunmehr erklärt er die Aufrechnung mit seiner Gegenforderung und erhebt nochmals Vollstreckungsgegenklage. Hat seine Klage Aussicht auf Erfolg?

III. Wie sind die Erfolgsaussichten der Klagen zu beurteilen, wenn K nicht ein Zahlungsurteil erwirkt hätte, sondern aus einer vollstreckbaren Urkunde die Zwangsvollstreckung betreiben könnte?

IV. Zusatzfrage: Unterstellt, B hat mit einer seiner Klagen tatsächlich Erfolg, was muss er tun, damit keine weiteren Zwangsvollstreckungsmaßnahmen vorgenommen werden?

I. Erste Klage gegen das Zahlungsurteil
1. Zulässigkeit
   a) Statthafter Rechtsbehelf
   b) Zuständiges Gericht
   c) Rechtsschutzinteresse
2. Begründetheit
   a) Aufrechnung mit kurz nach Rechtshängigkeit erworbener Forderung
   b) Aufrechnung mit nach Rechtskraft erworbener Forderung
3. Ergebnis

II. Zweite Klage gegen das Zahlungsurteil
1. Zulässigkeit
2. Begründetheit
   a) Einwendung
   b) Keine Präklusion
3. Ergebnis

III. Klage gegen vollstreckbare Urkunde
1. Zulässigkeit
2. Begründetheit
3. Ergebnis

IV. Zusatzfrage

I. Erste Klage gegen das Zahlungsurteil

Die von B erhobene Klage hat Aussicht auf Erfolg, wenn sie zulässig und begründet ist.

1. Zulässigkeit

a) Statthafter Rechtsbehelf. Die Klage ist als Vollstreckungsgegenklage gemäß § 767 ZPO statthaft, wenn ein vollstreckungsfähiger Titel vorliegt und B Einwendungen erhebt, die **den durch das Urteil festgestellten Anspruch** selbst betreffen.

B wendet sich gegen ein rechtskräftiges Leistungsurteil. Aus einem solchen kann gemäß **§ 704 I ZPO** die Zwangsvollstreckung betrieben werden. Ein vollstreckungsfähiger Titel liegt somit vor.

106

> **Hinweis:** Feststellungs- und Gestaltungsurteile haben grundsätzlich keinen vollstreckungsfähigen Inhalt und können daher auch nicht mit der Vollstreckungsgegenklage angegriffen werden.

Zudem macht B das Erlöschen der titulierten Zahlungsforderung durch **Aufrechnung** (§ 389 BGB) geltend. Hierbei handelt es sich um eine Einwendung, die den durch das Urteil festgestellten Anspruch selbst betrifft.

Statthafter Rechtsbehelf ist somit die Vollstreckungsgegenklage gemäß § 767 ZPO.

> **Hinweis zur Vollstreckungsgegenklage:** Mit der Vollstreckungsgegenklage (auch Vollstreckungsabwehrklage genannt) wehrt sich der Schuldner also gerade nicht gegen eine einzelne Vollstreckungsmaßnahme. Hierfür wäre, etwa im Falle der Pfändung durch den Gerichtsvollzieher, die **Vollstreckungserinnerung** gemäß § 766 ZPO der richtige Rechtsbehelf. Auch soll nicht etwa der Vorprozess wieder aufgerollt werden. Dies wäre im Rahmen einer **Berufung** möglich (bei gleichzeitiger einstweiliger Einstellung der Zwangsvollstreckung, § 719 I 1 i.V.m. § 707 ZPO). Nach Ablauf der Berufungsfrist gemäß § 517 ZPO besteht diese Möglichkeit aber nicht mehr, das Urteil ist rechtskräftig. Gegen den rechtskräftigen Titel kann nur im Wege der **Wiederaufnahme des Verfahrens** (§§ 578 ff. ZPO, Nichtigkeitsklage oder Restitutionsklage) oder mit Hilfe des **§ 826 BGB** - der dann einen Anspruch auf Unterlassung der Zwangsvollstreckung aus dem rechtskräftigen Urteil gewährt - vorgegangen werden. Beide Rechtsbehelfe unterliegen allerdings sehr restriktiven Voraussetzungen.
>
> Mit Hilfe der Vollstreckungsgegenklage soll vielmehr die **Vollstreckbarkeit des Titels** beseitigt werden, ohne den (rechtskräftigen) Titel anzutasten. Aus ihm soll dauerhaft nicht mehr vollstreckt werden können. Die Vollstreckungsgegenklage ist erforderlich, weil die Vollstreckung aus dem Titel unabhängig davon möglich bleibt, ob der zugrundeliegende materiellrechtliche Anspruch erloschen ist oder nicht. Nur mit Hilfe der Vollstreckungsgegenklage können nachträglich entstandene materiellrechtliche Einwendungen gegen den titulierten Anspruch geltend gemacht werden.

Führen Sie sich den folgenden Grundfall vor Augen: Nach Rechtskraft des Urteils begleicht der Schuldner freiwillig seine Geldschulden. Der Gerichtsvollzieher kann dies aber nicht überprüfen (sofern nicht an ihn geleistet wird) und wird daher den ihm vom Gläubiger erteilten Vollstreckungsauftrag allein auf Grundlage des vorgelegten Titels ausführen. Mit der Vollstreckungsgegenklage kann sich der Schuldner hiergegen wehren.

b) Zuständiges Gericht. Zuständig ist gemäß § 767 I ZPO das Prozessgericht des ersten Rechtszugs, vorliegend also das Amtsgericht Marl. Dabei handelt es sich um eine sachlich und örtlich ausschließliche Zuständigkeit, § 802 ZPO.

Hinweis: Bei dem Prozessgericht handelt es sich um das Gericht des Verfahrens, in dem der Vollstreckungstitel geschaffen wurde. Mit Hilfe dieser Vorschrift ist sichergestellt, dass stets das Gericht über die Einwendungen entscheidet, das bereits mit der Sache befasst war. Dies gilt allerdings nicht für die Zuständigkeit des einzelnen Richters am Amtsgericht oder der Zivilkammer am Landgericht. Insoweit ist allein der Geschäftsverteilungsplan maßgeblich. Darüber hinaus ist unerheblich, ob das Prozessgericht seinerseits im Ausgangsprozess zuständig war.

c) Rechtsschutzinteresse. Das Rechtsschutzinteresse für eine Vollstreckungsgegenklage besteht so lange, wie eine Vollstreckung aus dem betreffenden Titel droht. Dies ist der Fall, sobald ein Vollstreckungstitel vorliegt und solange die Zwangsvollstreckung noch nicht insgesamt abgeschlossen und der Titel dem Schuldner ausgehändigt worden ist. Ob die Zwangsvollstreckung bereits begonnen wurde, ist unerheblich. Vorliegend kann der K jederzeit die Vollstreckung aus dem Titel betreiben. B kann sich gegen eine Vollstreckung aus dem Zahlungstitel auch nicht auf einem einfacheren und kostengünstigeren Weg wehren. Somit ist ein Rechtsschutzinteresse gegeben.

Hinweis: Irreführend ist der Wortlaut des § 767 II ZPO: *Sie sind nur zulässig,...* Hierbei handelt es sich aber nicht um eine Zulässigkeitsvoraussetzung der Klage. § 767 II ZPO stellt lediglich eine weitere Voraussetzung für die geltend zu machenden Einwendungen auf.

Die Vollstreckungsgegenklage ist somit zulässig.

2. Begründetheit

Die Vollstreckungsgegenklage ist begründet, wenn dem B als Kläger eine materiellrechtliche Einwendung gegen den titulierten Anspruch zusteht und diese nicht nach § 767 II, III ZPO präkludiert ist.

a) Aufrechnung mit kurz nach Rechtshängigkeit erworbener Forderung. Einwendungen im Sinne des § 767 I ZPO sind sowohl die rechtsvernichtenden als auch die rechtshemmenden Einwendungen des materiellen Rechts. Durch die Aufrechnung mit seiner Gegenforderung ist die titulierte Hauptforderung des K gemäß § 389 BGB vollständig erloschen. Somit ist eine (rechtsvernichtende) **Einwendung gemäß § 767 I ZPO** gegeben.

Die Einwendung des B dürfte **nicht gemäß § 767 II ZPO präkludiert** sein. Die Einwendung ist präkludiert, wenn die Gründe, auf denen die Aufrechnung beruht, erst nach dem Schluss der mündlichen Verhandlung entstanden sind, in der die Aufrechnung spätestens hätte geltend gemacht werden müssen. Maßgebend ist bei einem aufgrund mündlicher Verhandlung ergehenden Urteil der Schluss der letzten mündlichen Verhandlung.

Hinweis: Wie bereits ausgeführt, dient die Vollstreckungsgegenklage nicht dazu, den ursprünglichen Prozess neu aufzurollen. Dem steht die materielle Rechtskraft des vorangegangenen Urteils entgegen. Vielmehr können nur **nachträglich entstandene Einwendungen** gegen den materiellrechtlichen Anspruch geltend gemacht werden. § 767 II ZPO trifft insoweit eine Abgrenzung, welche materiellrechtlichen Einwendungen von der Rechtskraft des vorangegangenen Urteils erfasst und damit präkludiert sind, und welche materiellrechtlichen Einwendungen noch geltend gemacht werden können. § 767 II ZPO schützt damit die Rechtskraft des vorangegangenen Urteils. Aus eben diesem Grund können rechtshindernde Einwendungen, d.h. Einwendungen, die die Entstehung des titulierten Anspruchs betreffen, nicht mit der Vollstreckungsgegenklage geltend gemacht werden, sondern **nur rechtsvernichtende und rechtshemmende Einwendungen.**

Die **Aufrechnungslage** bestand bereits kurz nach Rechtshängigkeit der Klage (Zustellung der Klageschrift, § 253 I ZPO) und damit vor Schluss der mündlichen Verhandlung. Die **Aufrechnungserklärung** erfolgt jedoch erst nach Schluss der mündlichen Verhandlung. Erst zu diesem Zeitpunkt hatte B **Kenntnis** von seiner Gegenforderung und damit von der Aufrechnungsmöglichkeit.

Allerdings gelten die beiden sich gegenüberstehenden Forderungen auch bei späterer Aufrechnungserklärung als zu dem Zeitpunkt erloschen, in welchem sie sich zur Aufrechnung geeignet gegenübergetreten sind (§ 389 BGB). Entscheidend ist daher, auf welchen Gründen im Sinne des § 767 II ZPO die Aufrechnung beruht, also auf dem **Entstehen** der Aufrechnungslage, auf der **Erklärung** der Aufrechnung oder - um zu vermeiden, dass der Schuldner es schuldhaft unterlässt, die Aufrechnung zu erklären - auf der **Kenntnis** von der Aufrechnungsmöglichkeit.

§ 767 II ZPO dient dazu, die Rechtskraft des Urteils zu schützen. Zweck der Vollstreckungsgegenklage ist es nicht, Gegenrechte verspätet geltend machen zu können. Sonst hätte es der Schuldner in der Hand, die Zwangsvollstreckung strategisch zu verzögern.

Entscheidend ist daher der Zeitpunkt, zu dem die Aufrechnung das erste Mal hätte erklärt werden können. Der Wortlaut des § 767 II ZPO stellt zudem allein auf die „Gründe" der Einwendung ab, nicht aber auf ein subjektives Element wie etwa die Kenntnis des Schuldners von der Einwendung, vorliegend also der Aufrechnungsmöglichkeit. Aus diesem Grund ist im Falle des Aufrechnungseinwands allein darauf abzustellen, wann die **objektive Möglichkeit** bestand, die Aufrechnung zu erklären.

Hierdurch wird der Schuldner auch nicht etwa schutzlos gestellt, denn ihm bleibt die Möglichkeit, seine Gegenforderung selbst klageweise geltend zu machen. Die Aufrechnungslage bestand vorliegend schon vor Schluss der letzten mündlichen Verhandlung, so dass B mit der Einwendung der Aufrechnung insoweit präkludiert ist.

> **Hinweis:** Hierbei handelt es sich um einen alten Meinungsstreit. Die hier vertretene Ansicht entspricht der Ansicht des BGH. Allgemein gilt, dass Meinungsstreitigkeiten entweder unter Anbindung an die Auslegung eines Tatbestandsmerkmals explizit beschrieben werden können oder - wie vorliegend geschehen - implizit in die Auslegung eines Tatbestandsmerkmals einfließen können.

b) Aufrechnung mit nach Rechtskraft erworbener Forderung.
Mit der Aufrechnung kann B wiederum eine den festgestellten Anspruch betreffende Einwendung geltend machen. Mit dieser Einwendung dürfte er wiederum nicht gemäß § 767 II ZPO präkludiert sein. Die Aufrechnungslage ist erst nach dem Schluss der letzten mündlichen Verhandlung entstanden. Auf das oben dargestellte Auslegungsproblem kommt es hier daher nicht an. B ist mit seinem Aufrechnungseinwand nicht präkludiert.

3. Ergebnis
Die Vollstreckungsgegenklage ist zulässig und begründet.

II. Zweite Klage gegen das Zahlungsurteil

Auch diese zweite Vollstreckungsgegenklage wird Erfolg haben, wenn sie zulässig und begründet ist.

1. Zulässigkeit
Die zweite Vollstreckungsgegenklage ist ebenfalls zulässig (s.o. Ausführungen zur ersten Vollstreckungsgegenklage).

2. Begründetheit
Die Begründetheit der zweiten Vollstreckungsgegenklage hängt wiederum davon ab, ob B eine nicht präkludierte Einwendung gegen den durch das Urteil festgestellten Anspruch geltend machen kann.

a) Einwendung. B kann wiederum geltend machen, dass die titulierte Forderung gemäß § 389 BGB durch **Aufrechnung** erloschen ist (rechtsvernichtende Einwendung).

b) Keine Präklusion. Mit dieser Einwendung dürfte B wiederum nicht präkludiert sein. Gemäß **§ 767 II** ZPO ist die Einwendung nur zulässig, wenn die Gründe, auf denen die Aufrechnung beruht, bereits vor Schluss der letzten mündlichen Verhandlung entstanden sind. Dies ist so auszulegen, dass unabhängig von einer etwaigen Kenntnis des B und unabhängig von seiner Aufrechnungserklärung bereits vor Schluss der letzten mündlichen Verhandlung die Aufrechnungslage bestanden haben muss.

§ 767 II ZPO bezieht sich allerdings lediglich auf den Schluss der letzten mündlichen Verhandlung des Ausgangsprozesses. Zu diesem Zeitpunkt bestand die Aufrechnungslage noch nicht. Somit ist B mit seinem Aufrechnungseinwand nicht nach § 767 II ZPO präkludiert.

B könnte mit seinem Aufrechnungseinwand aber nach **§ 767 III ZPO** präkludiert sein. Hiernach muss der Schuldner in der Vollstreckungsgegenklage alle Einwendungen geltend machen, die er zur Zeit der Klageerhebung geltend zu machen imstande war. B wusste aber um seine Gegenforderung und wäre imstande gewesen, diese in der ersten Vollstreckungsgegenklage geltend zu machen. Auf den Meinungsstreit, ob insofern auf das bloße Vorliegen der Aufrechnungslage, die Kenntnis hiervon oder die Erklärung der Aufrechnung abzustellen ist, kommt es daher hier nicht an. Somit hat B gegen § 767 III ZPO verstoßen. Rechtsfolge dieses Verstoßes ist, dass B wie im Falle des § 767 II ZPO mit der Geltendmachung seiner Einwendung präkludiert ist.

Hinweis: § 767 III ZPO ordnet keine Rechtsfolge an. Die Vorschrift ist aber als Verlängerung des § 767 II ZPO zu verstehen. § 767 III ZPO zielt darauf ab, wiederholte Vollstreckungsgegenklagen und damit eine Verschleppung der Zwangsvollstreckung zu vermeiden. Aus diesem Grund soll der Schuldner (Kläger der Vollstreckungsgegenklage) schon in der ersten Vollstreckungsklage sämtliche Einwendungen vorbringen. Tut er dies nicht, obwohl es ihm objektiv möglich wäre, ist er mit der entsprechenden Einwendung präkludiert.

Auch § 767 III ZPO ist missverständlich formuliert. Entscheidend ist nämlich nach h.M. nicht der Zeitpunkt der Klageerhebung, sondern die letzte mündliche Verhandlung.

Im Übrigen ist wie im Rahmen des § 767 II ZPO auch bei § 767 III ZPO der Meinungsstreit zu beachten, welches der maßgebliche Zeitpunkt für die Begründung der Einwendung ist.

3. Ergebnis
Die zweite Vollstreckungsklage ist zwar zulässig, jedoch unbegründet und daher ohne Aussicht auf Erfolg.

III. Klage gegen vollstreckbare Urkunde

1. Zulässigkeit

a) Statthafter Rechtsbehelf. Auch bei vollstreckbaren Urkunden gemäß § 794 Nr. 5 ZPO handelt es sich um vollstreckungsfähige Titel. Zudem macht B nach wie vor materiellrechtliche Einwendungen geltend. Die Vollstreckungsgegenklage ist somit statthaft.

b) Zuständiges Gericht. Zu beachten ist bei vollstreckbaren Urkunden allerdings, dass sich das zuständige Gericht nicht nach dem Prozessgericht bestimmen kann. Der aufgrund § 795 ZPO anwendbare § 797 V ZPO bestimmt daher, dass das Gericht zuständig ist, bei dem der Schuldner seinen allgemeinen Gerichtsstand (§ 13 ZPO) hat. Hinsichtlich der sachlichen Zuständigkeit ist ebenfalls auf die allgemeinen Vorschriften abzustellen (§§ 23, 71 GVG). Zuständig ist daher auch für diese Klage das Amtsgericht Marl.

2. Begründetheit
Die Begründetheit der Vollstreckungsgegenklage ist wiederum zu bejahen, wenn B mit seinen Einwendungen nicht präkludiert ist. Zu beachten ist aber in diesem Zusammenhang, dass im Falle einer vollstreckbaren Urkunde die titulierte Forderung noch nicht gerichtlich überprüft wurde. Aus diesem Grund kommt ihr keine Rechtskraftwirkung zu.

Infolgedessen bestimmt **§ 797 IV ZPO**, dass die Präklusionsvorschrift des § 767 II ZPO auf Vollstreckungsgegenklagen gegen vollstreckbare Urkunden keine Anwendung findet. Dies bedeutet, dass der Schuldner in der ersten Vollstreckungsgegenklage sämtliche Einwendungen geltend machen darf, und zwar unabhängig davon, wann die Gründe, auf denen die Einwendung beruhen, entstanden sind. Insofern könnte B in einer ersten Vollstreckungsgegenklage unabhängig von dem Zeitpunkt ihres Entstehens die Aufrechnung mit einer Gegenforderung geltend machen.

Hinweis: Eine dem § 797 IV ZPO vergleichbare Vorschrift fehlt für **Prozessvergleiche** im Sinne des § 794 Nr. 1 ZPO. Da § 767 II ZPO aber, wie bereits ausgeführt, die Rechtskraft schützen soll, Prozessvergleiche aber nicht in Rechtskraft erwachsen, besteht auch in Bezug auf Prozessvergleiche kein Bedürfnis für die Anwendbarkeit des § 767 II ZPO - hier darf man sich nicht durch das Fehlen einer dem § 797 IV ZPO vergleichbaren Regelung irritieren lassen oder gar einen Umkehrschluss ziehen.

---

§ 797 IV ZPO erklärt § 767 III ZPO allerdings nicht für unanwendbar. Dies beruht darauf, dass im Falle einer zweiten Vollstreckungsgegenklage bereits eine gerichtliche Überprüfung der Einwendungen stattgefunden hat. Macht B daher in einer zweiten Vollstreckungsgegenklage eine Aufrechnung geltend, deren Gründe vor Schluss der mündlichen Verhandlung der ersten Vollstreckungsgegenklage entstanden waren, ist er insofern präkludiert.

3. Ergebnis

Die erste Vollstreckungsgegenklage des B wäre zulässig und begründet, die zweite Vollstreckungsgegenklage jedoch zulässig und unbegründet und daher ohne Aussicht auf Erfolg.

IV. Zusatzfrage

Mit einer erfolgreichen Vollstreckungsgegenklage hat der B noch nicht viel gewonnen, denn möglicherweise hat der Vollstreckungsgläubiger dem Gerichtsvollzieher bereits den mit einer Vollstreckungsklausel versehenen Titel vorgelegt und den Auftrag erteilt, zu vollstrecken. Hierauf reagiert **§ 775 Nr. 1 ZPO**: Die Zwangsvollstreckung ist einzustellen, wenn B dem Gerichtsvollzieher eine Ausfertigung des auf die Vollstreckungsgegenklage hin ergangenen Urteils vorlegt. Aus diesem ergibt sich, dass die Zwangsvollstreckung aus dem Titel für unzulässig erklärt worden ist. Der Gerichtsvollzieher wird dann keine Vollstreckungshandlungen mehr vornehmen.

V. Einstweiliger Rechtsschutz

Fall 18: Einstweilige Verfügung

Der G berichtet seinem Anwalt, er habe seinem vermeintlichen Freund F aus Düsseldorf, der mit Gebrauchtwagen handelt, vor kurzem sein Auto mit einem Wert von etwa 3000 Euro geliehen, nun aber festgestellt, dass F sein Auto auf dem Gebrauchtwagenhof in Düsseldorf zum Verkauf anbiete. F weigere sich, das Auto herauszugeben, und habe darauf hingewiesen, dass er bereits einen Interessenten an der Hand hätte, der das Auto innerhalb weniger Tage kaufen werde. Nunmehr bittet G seinen Anwalt um rechtliche Schritte. Haben diese Aussicht auf Erfolg?

F fügt sich der eingeleiteten gerichtlichen Maßnahme, macht aber im Hauptsacheverfahren geltend, G habe ihm das Auto verkauft. Kann er hiermit noch gehört werden?

I. Einstweiliger Rechtsschutz

1. Zulässigkeit
   a) Statthafter Rechtsbehelf
   b) Antrag an das zuständige Gericht
   c) Verfügungsgrund

2. Begründetheit
   a) Behauptung des Verfügungsanspruchs
   b) Glaubhaftmachung des Verfügungsanspruchs

3. Entscheidung des Gerichts

II. Vorbringen des F im Hauptsacheverfahren

I. Einstweiliger Rechtsschutz

Dem von G geschilderten Sachverhalt zufolge besteht die Gefahr, dass ein Dritter das Auto innerhalb weniger Tage erwirbt und es damit dem Einflussbereich des G entzogen wird. Die Anstrengung eines Hauptsacheverfahrens, etwa gestützt auf den Herausgabeanspruch aus § 985 BGB, könnte dem nicht schnell genug entgegenwirken. In Betracht kommt daher nur die Beantragung einstweiligen Rechtsschutzes.

1. Zulässigkeit

a) Statthafter Rechtsbehelf. Einstweiliger Rechtsschutz kann grundsätzlich in Form des Arrests (§§ 916 ff. ZPO: dinglicher oder persönlicher Arrest) oder in Form einer einstweiligen Verfügung (§§ 935 ff. ZPO: Sicherungs- oder Regelungsverfügung, in Ausnahmefällen auch sog. Leistungsverfügung) gewährt werden. Während der Arrest nur zur Sicherung einer Geldforderung oder wegen eines Anspruchs, der in eine Geldforderung übergehen kann, stattfindet, können sonstige Ansprüche nur mit Hilfe einer einstweiligen Verfügung gesichert werden. Den Interessen des G, der die Herausgabe des Autos begehrt, ist hier nur mit einer einstweiligen Verfügung gedient.

Hinweis: Eine klare Abgrenzung zwischen der Sicherungsverfügung gemäß § 935 ZPO und der Regelungsverfügung gemäß § 940 ZPO ist schwierig bis unmöglich. Vorliegend könnte für eine Regelungsverfügung argumentiert werden, da G nicht nur verhindern will, dass F das Auto verkauft (Sicherung des *status quo*), sondern auch die Herausgabe des Autos begehrt. Die Entscheidung des Gerichts sieht aber ggf. anders aus (siehe unten 3.). Da sich in der Rechtsfolge keine Unterschiede ergeben, werden einstweilige Verfügungen in der Praxis oftmals ohne genaue Einordnung auf §§ 935, 940 ZPO gestützt.

---

b) Antrag an das zuständige Gericht. Zuständig für den Erlass einer einstweiligen Verfügung ist gemäß § 937 I ZPO das Gericht der Hauptsache oder gemäß § 942 I ZPO das Amtsgericht, in dessen Bezirk sich der Streitgegenstand befindet. Da vorliegend noch keine Hauptsache anhängig ist, ist das für die Hauptsache zuständige Gericht nach allgemeinen Regeln zu ermitteln. Zuständig ist somit sowohl gemäß § 942 I ZPO als auch gemäß § 937 I ZPO i. V. m. §§ 23 Nr. 1, 71 GVG und §§ 12, 13 ZPO das Amtsgericht Düsseldorf.

c) Verfügungsgrund. Ein Verfügungsgrund ist gemäß **§ 935 ZPO** gegeben, wenn zu besorgen ist, dass durch eine Veränderung des bestehenden Zustandes die Verwirklichung des Rechts einer Partei vereitelt oder wesentlich erschwert werden könnte.

Vorliegend behauptet G, dass das Auto möglicherweise in Kürze an den Interessenten verkauft wird und damit dauerhaft der Sphäre des G entzogen wird, möglicherweise sogar rechtsbeständig im Falle eines gutgläubigen Erwerbs. Somit ist zu besorgen, dass die Verwirklichung des von G geltend gemachten Eigentumsrechts kurzfristig vereitelt, zumindest aber wesentlich erschwert wird.

Es ist aber nicht ausreichend, dass die dem Verfügungsgrund zugrunde liegenden Tatsachen behauptet werden. Vielmehr ist hier gemäß **§§ 936, 920 II ZPO** eine **Glaubhaftmachung** erforderlich. Für die Glaubhaftmachung ist, anders als beim Beweis, die überwiegende Wahrscheinlichkeit ausreichend, dass die Behauptung wahr ist (1. Erleichterung). In formaler Hinsicht bestimmt **§ 294 I ZPO**, dass sich derjenige, der eine tatsächliche Behauptung glaubhaft zu machen hat, aller Beweismittel bedienen kann und auch zur Versicherung an Eides statt zugelassen wird (2. Erleichterung).

Um die Zulässigkeit des Antrags auf Erlass der einstweiligen Verfügung gewährleisten zu können, wird der Anwalt den G daher auffordern, eine Versicherung an Eides statt über die Umstände des Falles abzugeben.

Hinweis: Schon lange umstritten ist die Frage, wo Verfügungsgrund und Verfügungsanspruch bzw. deren Behauptung und Glaubhaftmachung zu prüfen sind. Diese Aufbaufragen sind in der Klausur nicht zu thematisieren. Die hier vorgestellte Lösung orientiert sich an der wohl herrschenden Meinung, wonach der Verfügungsgrund (Behauptung und Glaubhaftmachung) in der Zulässigkeit, der Verfügungsanspruch (Behauptung und Glaubhaftmachung) in der Begründetheit zu prüfen ist.

Oftmals ist in diesem Zusammenhang von der Behauptung des Verfügungsanspruchs die Rede. Behauptet werden können aber, streng genommen, nur Tatsachen. Ungenau ist insofern die Formulierung in § 920 II ZPO, wonach Anspruch und Arrestgrund glaubhaft zu machen sind. § 294 I ZPO spricht genauer davon, dass eine „tatsächliche Behauptung" glaubhaft gemacht wird. Angesichts des Wortlauts von § 920 II ZPO dürfte aber nichts dagegen sprechen, auch in der Klausur von der Behauptung oder

Glaubhaftmachung von Verfügungsanspruch und Verfügungsgrund zu sprechen.

Mangels Anhaltspunkten für ein Fehlen der Zulässigkeitsvoraussetzungen im Übrigen ist der Antrag auf Erlass einer einstweiligen Verfügung damit zulässig.

Hinweis: Für die Zulässigkeit des Antrags auf Erlass einer einstweiligen Verfügung ist nicht erforderlich, dass auch die Hauptsache anhängig gemacht wird. Dies folgt aus § 926 I ZPO, wonach das Gericht nach Erlass des Arrests die Klageerhebung anordnen kann, soweit der Rechtsstreit in der Hauptsache noch nicht anhängig ist. Über den Verweis in § 936 ZPO gilt dies auch für das Verfahren bei einstweiligen Verfügungen.

2. Begründetheit

Der Antrag auf Erlass einer einstweiligen Verfügung ist begründet, wenn Tatsachen behauptet und glaubhaft gemacht werden, aus denen sich ein Verfügungsanspruch ergibt.

a) Behauptung des Verfügungsanspruchs. Der Verfügungsanspruch ist der materiellrechtliche Anspruch, der auf eine Leistung mit Ausnahme von Geldleistungen gerichtet ist. G behauptet, dass er dem F das Auto nur geliehen hat. Er macht somit geltend, dass er Eigentümer des Autos und F nunmehr – nach Rückforderung – besitzrechtsloser Besitzer des Autos ist, also die Voraussetzungen des Herausgabeanspruchs aus § 985 BGB gegeben sind. Zudem ergibt sich aus dem Tatsachenvortrag ein Rückgabeanspruch aus §§ 604 I, III BGB.

b) Glaubhaftmachung des Verfügungsanspruchs. Auch hinsichtlich der dem Verfügungsanspruch zugrunde liegenden Tatsachen ist wiederum Glaubhaftmachung erforderlich, §§ 936, 920 II ZPO. Auch insofern wird der Anwalt dem G daher raten, eine Versicherung an Eides statt (die mit der oben genannten Versicherung an Eides statt zusammengefasst sein kann) abzugeben.

Erfolgt die Glaubhaftmachung, ist der Verfügungsanspruch auch begründet. Der Antrag auf Erlass einer einstweiligen Verfügung wird dann erfolgreich sein.

3. Entscheidung des Gerichts

Den Inhalt der einstweiligen Verfügung bestimmt das Gericht nach freiem Ermessen, § 938 I ZPO. Allerdings ist diesem Ermessen insofern eine Grenze gesetzt, als die einstweilige Verfügung die Entscheidung im Verfahren zur **Hauptsache nicht vorwegnehmen** darf. Insbesondere darf die angeordnete Maßnahme nicht eine Erfüllung des zu sichernden Anspruchs bewirken. Die Herausgabe des Autos an G hätte aber genau diese vorläufige Erfüllung des zu sichernden Anspruchs zur Folge. Aus diesem Grund wird das Gericht eine Sequestration (§ 938 II ZPO) anordnen, d.h. der F wird verpflichtet, das Auto an eine vom Gericht bestimmte Person zum Zwecke der Verwahrung herauszugeben. Dies kann zum Beispiel ein Gerichtsvollzieher sein.

II. Vorbringen des F im Hauptsacheverfahren

Die Entscheidung über den Erlass einer einstweiligen Verfügung entfaltet keine materielle Rechtskraft hinsichtlich des Bestehens oder Nichtbestehens des Verfügungsanspruchs.

Hinweis: Dies bedeutet nicht, dass die Anordnung überhaupt keine materielle Rechtskraft entfaltet. Diese bezieht sich eben nur auf den prozessualen Sicherungsanspruch des Antragstellers. Die Anordnung kann auch in formeller Rechtskraft erwachsen. Dies ist der Fall, wenn gegen die Entscheidung keine Rechtsmittel mehr zulässig sind.

Daher ist F in dem nun folgenden Hauptsacheverfahren auch nicht mit dem Vorbringen ausgeschlossen, dass der Verfügungsanspruch nicht besteht. Obwohl er die Möglichkeit gehabt hätte, das Nichtbestehen des Verfügungsanspruchs auch schon im einstweiligen Verfügungsverfahren geltend zu machen, kann er dies auch noch im Hauptsacheverfahren tun.